商談成立の絶対法則から
テレワークセールスの進め方まで！

儲かる営業力

ノート

監修
佐藤昌弘
Masahiro Sato

宝島社

商談成立の絶対法則から
テレワークセールスの進め方まで！

儲かる営業力見るだけノート

監修
佐藤昌弘
Masahiro Sato

宝島社

はじめに

営業をうまく成功させるには人の心を理解することから始まる

私はこれまで数多くの企業経営のアドバイスを行ってきました。数多くの経験を積み、行き突いた結論は、「人の消費心理というのは、とても難しくて複雑で、矛盾だらけだが、ある程度なら攻略することはできる」ということです。

例えば、「何としてでも売りたい」という気持ちでいっぱいになって、一生懸命セールスをしても、逆に売れなくなってしまう。営業マンのよくある悩みですが、これはなぜか？　その答えは簡単です。お客様に営業マンのガツガツした感じや利己的な雰囲気が伝わってしまうからです。「売り付けてやろう」という営業マンから買いたいと思うお客様がどこにいるでしょうか？　もちろん、自分ではそんな気配を見せているつもりはなくても、お客様は心の奥底からの感情を敏感に察するのです。

そうすると顧客の心のなかに、「警戒心理と防衛心理」が湧き上がり、頭の中には警告アラームが鳴りっぱなしになります。そんな状態で、営業マンがさらに売り込みを強めれば、顧客は逃げ出してしまうでしょう。

そこで私が伝えたいのが「人の心理というものに理にかなった営業の技術」です。自分が思う方法でお客様に売る（売り付ける）という考え方は一度手放して、本書で伝える方法をぜひ試していただきたいと思います。

では、その「人の心理というものに理にかなった営業の技術」というのは、一体何なのでしょうか。それは大きく言えば、お客様に“売りつける技術”ではなく、お客様に“売って欲しいと思わせる技術”です。

人がモノを買うのにはいろいろな理由があります。「そのモノが欲しいから」という理由だけではなく、「そのモノが欲しくなった事情」というものが必ず前提に存在します。つまり、人は「モノが欲しい」のではなく、「モノが欲しいと思うようになった背景の事情」さえ解消されれば、満足するかも知れないのです。

そこを理解しないまま、お客様に言われたとおりにモノさえ売ればいいと考えていても、大きな成功は望めません。なぜなら、お客様が言うとおりのモノだけ売っていれば良いなら、自動販売機と変わりないですし、営業マンなんて誰でも良いということになるからです。

お客様に商品を買ってもらうためには、お客様の購買動機をヒアリングし、その先の本当の理由を突き止め、コミュニケーションを取りながらお客様に「我々プロならではの解決策を提案ができること」を気付かせ、あなたからの提案を比較・検討し、購入してもらう、というプロセスを意識する必要があります。そして、お客様があなたから購入したことを本気で喜び、「次もあなたから買おう」と思わせることが大事。このように、お客様の「心」に寄り沿った進め方があるのです。つまり、「人の消費心理というのは、とても難しくて複雑で、矛盾だらけだが、ある程度なら攻略することはできる」ということです。

本書を読んで、営業のプロセス改善に役立つ部分が見つかり、あなたの営業活動に良い変化を与えることを信じています。

佐藤昌弘

営業力アップ

「営業力」を高めるためにしなくてはいけないことは、たった5つ。
STEP の順にできるようになれば、効果がすぐにでも表れるでしょう。

これがキホン！

STEP1

お客様がモノを買うまでの流れを知る

お客様が商品を買うときに何を考えて、どうやって購買を決めるのかを理解しましょう。

▶ Chper1　人がモノを買う心理プロセスを知る(P21 ～)

ただ売るだけではダメ！

誰が何を必要としているのかを理解し、どう届けるかを考えることが営業戦略です。

▶ Chper2　効率よく売るための「営業戦略」とは (P51 ～)

STEP2

売るためには「営業戦略」をまず準備する

のための戦略 5つのステップ

STEP3
「集客」のノウハウを知る

商品が売れるためには、お客様に知ってもらうことも含めた「集客」が重要になります。

▶ Chapter3 「集客」のノウハウを学ぶ（P77〜）

STEP4
「欲しい」と思わせるスキルを身に付ける

お客様の購買意欲を購入決定まで導くために、身に付けておきたいスキルがあります。

▶ Chper4 「欲しい」を引き出し購買へと導く最強営業スキル（P103〜）

STEP5
アフターフォローで顧客を作る

真の「営業力」とは次の購入まで導くこと。そのために必要なのがアフターフォローです。

▶ Chapter6 アフターフォローで継続的な受注を目指す（P171〜）

商談成立の絶対法則から
テレワークセールスの進め方まで！

儲かる営業力 見るだけノート

Contents

Chapter 2
効率良く売るための「営業戦略」とは

Chapter 3
「集客」のノウハウを学ぶ

Chapter 4
「欲しい」を引き出し購買へと導く最強営業スキル

Chapter 5

リモート営業の基本と極意をいち早く身に付ける

Chapter 6

アフターフォローで継続的な受注を目指す

chapter 0

あなたの営業への思い込みを変える！営業の基本3原則

今まで普通だと思っていた
営業のやり方は、実は間違えていた!?
トップセールスマンを目指すために
まずは覚えておきたいこととは！

顧客が欲しいと言うモノを売ってはいけない

営業マンの仕事で最も大事なことは、顧客が欲しいと言うモノを準備することではありません。

営業といえば「顧客に**モノを売ること**」が仕事です。だから、顧客が欲しいと言うのなら、それを売ればいいと考えがちです。ところが、それは正しくありません。「顧客が**欲しいと言うモノ**を、そのまま売ればいい」というのは、顧客が正しいという前提があるからです。しかし、顧客は「欲しいモノを正しく選ぶことができる」とは限りません。顧客は素人だからです。だからこそ、営業マンは、「何に困っているのか？」「本当に欲しい結果は何か？」「どのような情報

営業マンの意味とは

を探しているのか？」「どのように判断したがっているのか？」と、さまざまなことを、しっかりとヒアリングをして、適切な解決を提案していくことが大切なのです。つまり、営業で一番大事なのは、顧客が本当に欲しがっている結果は何か？ それをヒアリングし、プロとして適切な解決策へと導く力なのです。

「売ろう」とするのではなく「売れるようにする」が正解

頑張って「売ろう」と思ってセールストークをするほど空回りする営業マンは、お客様の気持ちを考える必要があります。

営業マンが勘違いしやすいのが、商品を「売ろうとする」ことです。これは、営業マンが商品の良さなどをしっかり伝えれば、顧客は良さを理解してくれるという期待があるからです。しかし、それは正しくありません。顧客が商品の購入を決定するまでには、情報を集める段階、比較する段階、迷う段階、妥協する段階などのプロセスがあります。まだなんとなく情報を集めている段階の顧客に、営業マンがどんなに上手なセールストークで話したとしても、しつこ

営業の主役はお客様

新しいアイテムが欲しいな
いらっしゃいませー
よし、売ってやるぞ!!
売ることしか考えてない
あの営業もうイヤ!
新商品がおすすめです
ほかのも見たいわ
その商品は質が低いから買うなら新商品ですよ
見せてくれないの?
押しが強いな
「売ろう」のケース

いと嫌われるだけです。では、営業マンがお客様に商品を購入してもらうには何をすべきなのでしょうか？　それは、情報収集をしている顧客には「役立つ情報提供」をすることであり、「比較をしたがっている」顧客には、他社との違いをしっかりアピールすることなのです。正しいタイミングで、正しいアプローチをすること。それが、「売れるようにする」ことなのです。商品の特徴やほかの商品より優れた点などは、お客様が求めるタイミングに説明するのが正解。頑張って「売ろう」と思ってセールストークをするほど空回りする営業マンは、こうしたプロセスを意識することが大事です。

顧客の性格に合わせないで接客はアリ！

このやり方であれば必ず売れるという絶対的な方法というのはありません。最適なやり方を選ぶのが大切です。

営業マンは人に合わせて営業することが大事ですが、人の性格は千差万別で、一人として同じ性格の人はいません。しかし、コミュニケーション能力に長(た)けたトップセールスマンの場合、「**交流分析**」というお客様の分析を自然にやっていたりします。これは、「出会ってすぐにお客様のパーソナリティを見抜き、それに合わせて自分のパーソナリティを変化させる」というやり方です。**人の基本的なパーソナリティ**は、「批判的な親心」「養育的な親心」「無邪気な子ども心」

相手に合わせてキャラクターを変えるのは大変

「従順な子ども心」の4つと、それらをコントロールする「理性的で合理的な大人」という5つがありますが、いわば1つめは父性、2つめは母性といった親の心、続く2つは子どもっぽい心、5つめはアダルトな心です。4つのパーソナリティはそれぞれ得意とする相手があり、コミュニケーション能力に優れた人は、瞬時に有利なパーソナリティに切り替えます。しかし、この方法は万人向けではありません。そこでおすすめなのが、5つめのアダルトな心。人は、このタイプの人に対しては同じくアダルトな心で対応するため、無理に切り替える必要がなく、オールマイティに対応できるのです

column No. 01

なぜ、あなたの言葉は耳に届かないのか？

人の五感のうちの一つ「聴覚」について有名な「カクテルパーティ効果」とは、「人は音声を選択して聞く」という現象のことです。これは、どんなに多くの音源があったとしても、人は注目する音だけをはっきりと聞き取れるというもので、1953年に提唱された心理学的効果です。お客様にしっかりと商品の説明をしたのに、「何だかうわの空」ってことはないでしょうか？　それは、顧客が注目したくなる言葉（単語）が使われていないのが原因かもしれません。例えば、顧客が普段から「チラシのインパクトのあるタイトル、何か良いのないかな……」と考えている場合、広告制作会社から「広告のキャッチコピーについて、役立ちそうな資料があるんです」と話しても、なかなか顧客の注目は得られません。それは使っている単語が違うからなのです。顧客は「タイトル」という言葉を使っていますから、制作会社は「キャッチコピー」という言葉ではなく「タイトル」とか「タイトルコピー」とかいう言葉を使うと良いのです。

chapter 1

人がモノを買う心理プロセスを知る

そもそも営業とは、お客様がモノを
購入してくれるから成り立つもの。
そこで考えるべきなのは、
人はなぜモノを買うのか、なのです

悩みを解消、欲求を満たす、予防する、そのために買う

購買行動の源泉は人間の感情です。多くの人を購買に誘導する行動モデル「EIICJCの法則」について知っておきましょう。

購買行動で重要なのは「人は、どのようなプロセスを通ってモノを買うのか？」という購買心理のメカニズムを知ることです。これを知れば、多くの人を購買に誘導することができます。その消費者の心の動きのパターンを基に作り出した**購買行動モデル**が「**EIICJCの法則**」です。消費者が商品を買うまでの心理や行動の要素の頭文字を取ったもので、①Emotion（感情）、②Interest（関心）とInformation gathering（情報収集）、③Compare（比較）とJudgement（判断）、

人がモノを買う心理EIICJCの法則

④Compromise（妥協）の頭文字を取ったものです。つまり、購買行動の源泉はポジティブであれネガティブであれ、人間の感情がすべてということ。ネガティブな感情とは「悩み」であり、例えば「頭痛を解消するために薬を買う」「床が汚いので掃除機を買う」といった購買行動につながります。反対にポジティブな感情を基にした購買行動とは「欲求を満たす」ためのもので、「人生を楽しむためにワインや花、スポーツカーを購入したい」といったものです。

人を購買へと動かす4つの感情

人間の4大欲求の中で、購買行動につながるのが「怒り」と「恐怖」です。これらを回避するために、人はモノを買うのです。

ビジネスは大きく「悩みを解消する」「欲求を満たす」の2つに分けられます。それは、さらに4つの**原始的な感情**に分かれます。4つの感情とは「怒り」「恐怖（恐れ）」「苦痛」「愛情」。人類が「生き延びる」ために生まれながらに持っている感情であり、人は「恐怖」や「苦しさ」を感じるからこそ命の危険を回避でき、一方で「愛情」を持つからこそ子孫を残すことができます。なかでも、「怒り」は、解消に大きな行動エネルギーが発揮されることが知られています。

ビジネスのタイプと結び付く4つの原始欲求

つまり、4つの感情の中で最も**購買行動**につながるのが「怒り」なのです。その次に購買行動の動機となるのが恐怖です。命や財産などを失う恐怖から逃れるために疑わしい話でも手を出してしまう、などがまさにこの例。また、腰痛や虫歯、エアコンが壊れて暑くて苦しいときなども、「苦痛」から逃れるために人は消費をします。こうして、ビジネスは「ネガティブな感情」に関するものが全体の4分の3、友愛や恋愛といった「愛情」に関するものは4分の1という比率になっているようです。

KEY WORD → ☑ 感情に訴え掛ける、感情に焦点を当てる

15の感情に訴え掛ければ関心を持たれる

売りたいモノはどの感情に訴え掛けるものかを理解し、その感情に訴え掛けるセールストークができるかが成功のカギです。

人には4つの原始的欲求（感情）があるのは前述のとおり（P24）になります。それら4つが組み合わさりながら人間の感情はおおよそ下記の15種類に枝分かれていき、この15の感情が人の関心を生み出し、行動を起こさせているのです。営業においては、売りたい商品がどの**感情に訴え掛ける**ものかを理解しておくことが必要です。特にセールストークや広告においては、それぞれに適した**感情に焦点を当てる**ことが必要になります。例えば、自動車の営業では高級車を

行動を起こさせる15種類の感情

扱う場合と、営業車やトラックを扱う場合によって焦点の当て方がまったく異なります。高級車を売りたいときは「今の愛車への不満や心配を解消すること」を煽るより、「購入することで得られる満足感や喜び」をアピールするべきです。しかし実際には、どの感情に焦点を当ててアピールすべきかを意識せず売っている業界や営業マンは少なくありません。「このお客様はどんな感情を抱いているのか」を理解し、深く探っていくことがビジネスを成功へ導くのです。

04 人は「妥協」でモノを買う

購買行動のすべては「妥協」の産物。「これが一番です」よりも「いかがですか」と相手に判断を委ねることも大切です。

人がモノを買うときの始まりは「**感情**」ですが、最終的に購入の決め手となるのは何でしょうか？　それは「**妥協**」です。感情の発生、つまり心に動きが生まれたときに「**関心**」が生まれ、関心が生まれるとさまざまな情報収集を行うようになるのです。情報がさらに関心を生み、さまざまな比較検討の対象が定まり、その中から一つを選び出す際の決め手となるのが妥協なのです。「値段を比べてみて安いほうにする」「この機能が欲しいから、高いけどこっちにする」

妥協のプロセスとは

「営業の人の印象がいいから彼から買うことにするよ」などは、いずれも妥協によって決められています。例えば、「ほかの商品は全部ダメです。私たちの商品が一番なので買ってください！」というセールストークがありますが、これでは相手にとって妥協の余地がありません。それぞれの長所と短所を比較させ、「いろんな選択肢の中で、この商品が最善の選択だと、あくまで今の段階では考えます。お客様のご感想は、いかがでしょうか？」と相手に判断を委ねることこそが、相手の妥協を生みます。

意外に、合理的な比較をしていない人は多い。

購買意欲を高める カウンセリング的手法

現在の問題や悩みを聞き出し、その解決策を提案するカウンセリング的手法で解決策を示し、購買行動につなげましょう。

心理カウンセリングでは、**悩み**を抱えている人を相手にする場合、まずカウンセラーへの**警戒**心を下げ、一定の信頼関係を構築してから、悩みをヒアリングしていき、そこから「どうなりたいのか」と話題を進展させます。この手法はモノを売るセールスの手順と似ており、今何を悩んでいるのかヒアリングしてから、**解決策**に向かう点で同じです。例えば「ついつい食べ過ぎてしまう」という悩みを持つ人の場合、まずは雑談や会話ペースを合わせつつ、一定の人間

カウンセリング的セールス

関係を構築していきます。次に、「いつから悩んでいるのか」「どのように悩んでいるのか」「誰かに何かを言われて傷ついているのか」など、具体的な悩みの内容を語ってもらいます。そこから、「現在何をしているのか」「どうしたいのか」といった解決策へと話を変化させたりもします。このステップを踏むことで妥協することができ、行動に移せるのです。営業も同じで、お客様が自分で判断し、行動することで購買行動につながるのです。

妥協までの間には比較と判断がある

「不安」を入り口に行動に移させ、「関心」を高め、問題の「解決策」を提示し、消費者を行動に移行させましょう。

「妥協」は購買行動につながるというのは前述のとおり（P28）ですが、その妥協に至るまでには、決まったプロセスがあります。例えば、エステや化粧品の場合は、不安や苦痛を**感情の入り口**として「早いうちから毛穴のメンテナンスをしておかないと、シミやシワの原因になってしまいます」とさりげなく不安を与えたりすることもあります。そして毛穴ケアにつながるさまざまな商品の情報を続けて与えて「ひとまず無料お試しでも」と行動を促します。このような

比較の判断の流れ

プロセスを経由した消費者は「試すだけなら」と妥協し、実際に行動に移すのです。この場合、「不安」という入り口から始めて相手の**感情の変化**を引き出し、情報を与えることでさらに「関心」を高めています。その情報を比較検討させたあとにお試しという選択を提示することで、「妥協」へと自然に誘導しているのです。最初から「商品」を売ろうとするのではなく、問題に対する「解決策」を売ると言い換えることもできます。お客様の感情の動きには自然な順番があり、その順番をきちんと踏んで話をすることでお客様は心を動かされ、妥協（ひとまずの行動）へ進みやすくなるのです。

KEY WORD ➡ ☑ 11のリスク、リスクに対する不安

人が買うのをためらう11の理由

消費者の持つ「11のリスク」を解決するために、消費者の抱える悩みを知り、寄り添い解決しながら購買へと導きましょう。

人の購買行動におけるプロセスの途中には「迷う」という段階が存在します。「これにお金を払おう」と購買に至る前に、その決定をするまでに考える期間があり、そこで思考する（二の足を踏む）ことがあります。なぜ購買の前に迷ってしまうのでしょうか？　それは「その商品を買うことによるリスク」を計算してしまうという理由もあります。そのリスクの種類には、下記の11の項目があるといわれています。この**11のリスク**はモノを買うときに限らず、転職や結婚

11種類のリスク

リスク① 期待どおりなのか？

本当に
おいしいかなぁ……

リスク② 長持ちしないのでは？

買って1週間
だぞ！

とてもイイ
椅子
なんです！

うーん……

など人生の環境を変えるときにも共通します。セールスにおいては、これらの**リスクに対する不安**を解消していくことが必要になります。つまり、営業マンの役割とは、お客様が抱えている悩みをまず知り、その感情・情動に寄り添いながら、リスクを一つずつ消していき、妥協へと導くことになります。この11のリスクは商品やサービスの金額が高額になるほど、多くのリスクを感じやすくなるため、住宅といった高額商品になると、11のリスクすべてが立ちはだかります。

よく分からないうちはお金を払いたくない

「11のリスク」はその商品に関する「情報不足」が原因です。警戒心を持つ消費者には、情報提供を心掛けましょう。

消費者の迷いの基となる11のリスクは、その商品に関する「**情報の不足**」によって生じることが分かっています。そのため、消費者の情報不足による迷いを解消するためによく用いられるのが、お試しやトライアルです。特に身近なのが「**試食**」や「**試着**」です。「この食べ物はまずいのでは？」「子どもが嫌がるのでは？」といったリスクや、「自分の体型に合わないのでは？」といったリスクを解消することができるため、非常に手軽で有効な方法です。

お試しが妥協につながる

しかし、それだけでリスクのすべてが解消できるわけではありません。また、最も手軽な「お試し」ができない商品やサービスの場合は、リスク解消が難しいといえます。逆にいえば、このリスクを解消させるためのアイデアこそが、セールスにおける知恵の出しどころ。また、「無料お試し」にも「余計にお金を払うことになるのでは？」という疑問が付きまといます。そうした警戒心を持つお客様に対しては、無料お試しをすすめる際に、信ぴょう性があって納得できる「なぜ無料なのか」という理由を同時に情報提供することで、妥協＝行動へとつなげることができます。

KEY WORD → ☑ 内部からの欲求、五感への刺激

どんな理由が買い物をあと押しするのか

購買行動につなげる五感への刺激が重要です。五感が刺激を受けるうちに、情報収集から行動へとつながる傾向があります。

「妥協」という購買行動につなげるための、スタートである「感情（情動）」は、「身体の外部からの刺激情報」と「身体の内部からの情報」から生まれます。外部からの刺激とは五感（視覚、聴覚、嗅覚、触覚、味覚）が受け取る情報のこと。身体の内部からの情報とは自らの意思や欲求のことで、多くの場合は五感が受け取った情報により**内部からの欲求**、つまり感情が生まれる、というプロセスになります。商店街を歩いていてカレーの香ばしいスパイスの匂いを感

五感への刺激が購買の動機になる

聴覚
視覚
触覚
嗅覚
味覚
START
GOAL
購買
何かが欲しくなるのは刺激があるとき
考えごとしていて出てくるモノ？
購買に至る最初のステップ、感情の生まれ方に注目
五感への刺激
身体の内部からの刺激

じたり、おいしそうなステーキの写真を見ていたらおなかが減ってくる。こうした刺激により「レストランへ行こう」といった購買行動につながります。このように、人間の行動は**五感への刺激**によって始まることが多く、モノを買う場合も同じです。毎日通っている道に元々興味がなかった分野の店があった場合、最初はまったく目に入らなかったのに、そのうち気になり出すといったことがあります。人は、欲求や悩みがなかったとしても、繰り返し五感への刺激を受け取っていると、そのうち関心を抱くようになり、関心を持って情報を集め、そのうち行動へとつながるといった傾向があるのです。

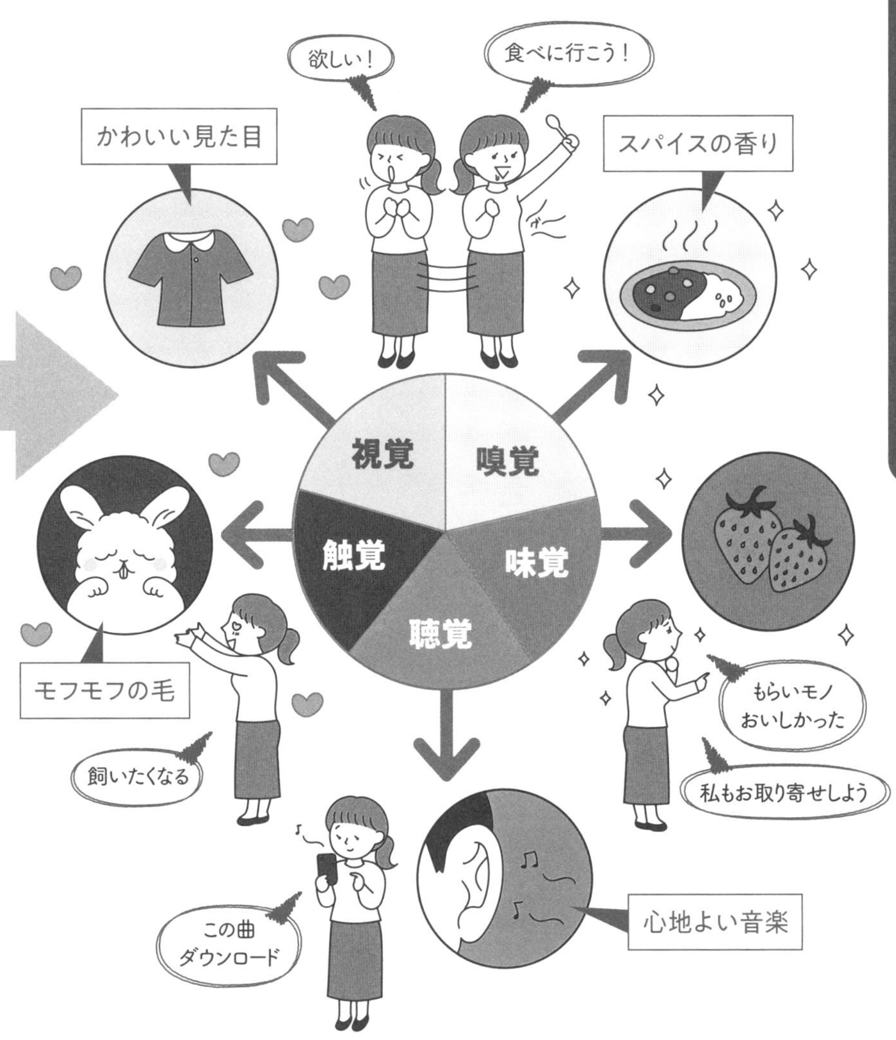

KEY WORD → ☑ 身体の内部からの情報、比較検討のプロセス

購買に走らせる本当の欲望とは

人はネガティブな感情から逃れるため、情報収集や比較検討をし、「妥協」できるものに選択肢を絞った購買行動を取ります。

購買のきっかけになる情動は「五感への刺激」(P38) のほかにも「**身体の内部からの情報**」があります。これはいわゆる「感情」のことで、「怒り」「恐怖」「苦痛」「愛情」の4つが存在します (P24)。怒りによるイライラや、恐怖によって眠れない状態など、感情は身体に直接的に影響を及ぼします。感情が原因となる身体的な負担を感じると、人はそのネガティブな感情から逃れようとします。そこから、いろいろな情報を入手するというプロセスにつながっていきます。

身体の内部から生じる感情

例えば、頭痛がして、特にこめかみのあたりが痛いことを自覚したときは、そこに苦痛を感じ「この原因は何だろう？」と情報収集のアンテナが働き始めます。「頭痛」「こめかみ」といったキーワードで検索したり過去の経験に照らし合わせ、「単なる片頭痛」「ひどい肩こり」「風邪などの病気」「あるいはもっとひどい病気」など、さまざまな**比較検討のプロセス**に至ります。それにより導かれた結果によって、外部刺激と同じく頭痛薬を買ったり、医者にかかったり、肩こりを解消する器具を買ったり、諦めるなど、最終的に「妥協」できるものに選択肢を絞って、実際の行動に至るのです。

4つの感情と購買に至るプロセス

KEY WORD → ☑ ブランド価値、承認欲求

例え高くても感情が揺さぶられれば購買する

人の消費行動は合理的なものではありません。モノの値段は、その人にとってその金額に見合うモノかどうかで決まります。

消費者が購買を悩む原因となる11のリスク（P34）では、高額なモノほど心理リスクは大きく、それだけ購買への大きなブレーキとなると説明しました。ところが、人は必ずしもこれらのリスクを合理的に判断して消費行動を行ってはいません。そもそも人間は論理的な動物ではなく、自分のことを客観的にとらえることを苦手にしています。すべての人が合理的な判断をするのであれば、ロレックスの高級時計を欲しがる人はもっと少ないはずです。「時刻を知る」とい

高級品を買う心理

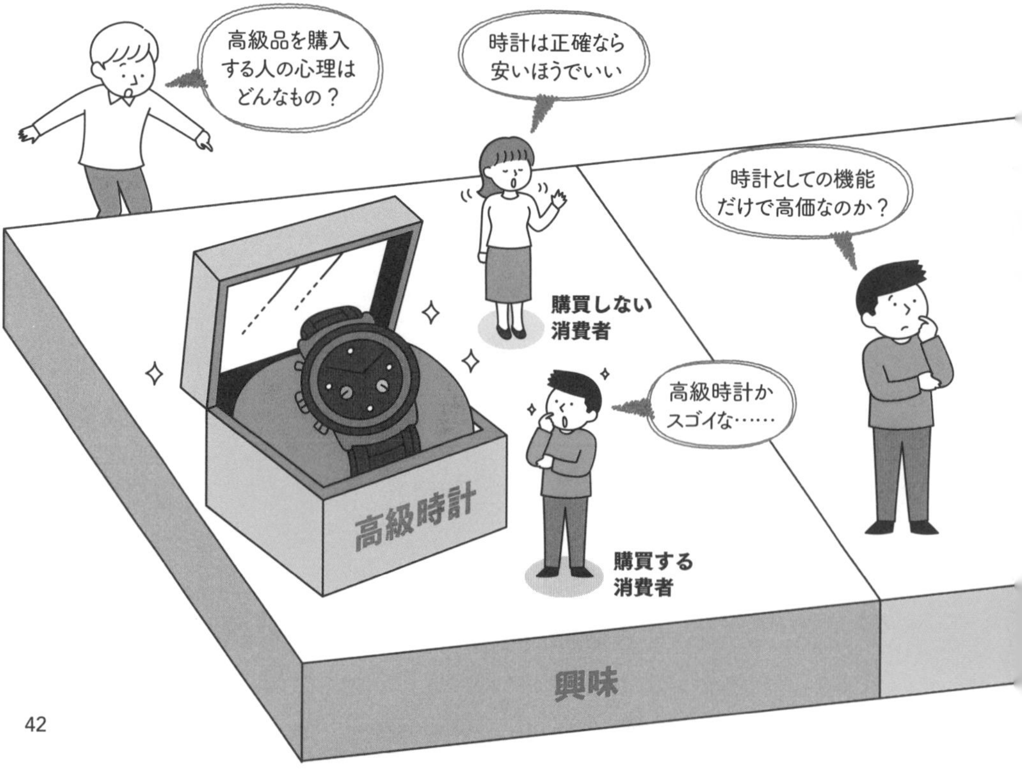

う目的だけであれば、ロレックスの高級時計は必要ありません。ロレックスを購入する場合、**ブランド価値**や効果を合理的に算定したうえで対価を支払っているという人は少ないでしょう。それよりも強い動機としては、高級「ブランドへの憧れ」や「自分は高級品を買えるお金持ちだと分かってもらいたい」という**承認欲求**、つまり感情であり、その感情の強さが購買を決める原動力になるのです。このようにモノの値段というものは、購入する人によって安くも高くも感じるのです。

名前も知らない商品は誰も買わない

名前を覚えている商品、名前を知っている商品が市場では圧倒的に有利。これはマーケティングの世界の常識です。

人の記憶のメカニズムの研究は、マーケティングの世界でも非常に重視されているテーマです。それは、消費者は名前に聞き覚えがないものより、聞いたことがある商品を選ぶことが分かっているため。名前を覚えてもらった商品は、消費者の比較検討において有利になります。特に値段や性能に差のない薬などは、「名前を知られている」ことは圧倒的に有利なのです。

記憶には一時的な「短期記憶」と何年も残る「**長期記憶**」があり、購買につな

人の記憶のメカニズム

げるためにはより長く記憶にとどめてもらう長期記憶を残すことが重要。そのために効果的なマーケティング手法としては、①何度も繰り返す、②情動をからませる、という2つの方法があります。①の代表的な例は、「商品名」が何度も出てくるテレビCMなどで、②の情動をからませる方法としては、「リズムに乗って商品名をアピールする」「印象的なフレーズやエピソードと商品をつなげる」といった例が挙げられます。奇抜さで記憶に残ることを狙ったテレビCMなどは、②の手法にあたります。この手法は商品だけでなく、営業マンが自分を得意先に売り込むときにも応用できます。

長期記憶に残すマーケティング手法

男と女では買い物の考え方が違う

男性や女性、子持ちのママなど、生態学的な考え方の違いを知ることで、その人に最適なアピールができるようになります。

男女の考え方には**生態学**的に違いがあり、それは**消費傾向**においても同じです。女性の消費傾向は、成長段階を追って変化することが知られています。出産前までは外見を磨くことにパワーを注ぎ、自分の価値を高めるモノを求めますが、子どもができたあとは安全と安定を強く求めるようになり、居心地のいい居場所（家）の維持や、周囲を好きなモノで固めていく傾向があります。一方で、男性は女性に向けて「子孫を残す相手として自分が最適」というアピールを一

購買欲求の根源に注目

生続けるといわれます。つまり、男性は、何歳になっても女性にモテるための行動を続けるのです。お金持ちや社会的地位を自慢するのは、自分の有能さを示す行動で、すべてアピールのためといわれています。この生態学的な考え方を知っておくだけで、男性のお客様であれば女性からの評価アップにつながる点をアピールしたり、出産前の女性であれば魅力度アップのためにどう役に立つのか示したり、子持ちのママ向けなら安心性をアピールするなど、アプローチ方法を選択できます。

誰を説得すべきかを理解する

消費者のタイプが分からない販売現場では、全体の68%を占める多数採用者を説得するのが一番の近道です。

消費者を4つにタイプ分けする「採用者カテゴリー」を知ると、販売、接客、マーケティングに役立ちます。これは、社会心理学という分野において、新製品に対しての反応別に消費者を4つに分類したものです。最初が①**新規採用者**（イノベーター）で、新製品に対して「面白そうだ」と考えてすぐに飛び付くタイプの人々で全体の約16%。インフルエンサーなどに多いタイプです。次が②**多数採用者**（マジョリティ）で、「様子を見て普及率が上がったら手を出す」とい

採用者カテゴリーとは

う前期多数採用者（アーリーマジョリティ）、「十分に普及するまで手を出さない」という後期多数採用者（レイトマジョリティ）の2タイプがあり、両者合わせて全体の約68%を占めます。最後の③**採用遅滞者**（ラガード）は、「新製品に無関心（がんこに拒否する人もいる）」で全体の約16%です。ガラパゴスケータイを使っている人や、スマホを拒否する人などです。販売の現場では、説得しようとしている相手がどのタイプかを見極めることが、とても重要です。

column No. 02

高くてもいいモノを欲しくなる人の心理

例えば、新幹線のグリーン車。一般の指定席も自由席もガラガラの時間帯にでも、グリーン券を買って乗る人がいます。「快適さを買う」「偉い人、お金のある人に見られたい」など理由はいろいろありますが、その人にとっては価値のあるものです。同じように、クレジットカードでも、「年会費なんて払いたくない」という人もいる一方で、ブラックカードというステイタス抜群のカードを持つために、何十万円もの年会費を払う人もいます。「消費は自己表現」という考え方があります。いらない人にとっては不要なものでも、欲しい人にとっては、それが必要であり、自己表現の手段になっているのです。自分にとってそれが納得できる価格であれば、どれほど高くても人はそれにお金を払います。つまり「世の中の大半の商品の価値は主観的なものであり、その値段の根拠はあってないようなもの」といえます。「安くしないと売れない」とは考えず、高くても買う人がいるとしたら、どんなターゲット客層なのだろうか？と考えると良いでしょう。

chapter 2

効率良く売るための「営業戦略」とは

商品を並べるのが営業ではありません。
誰に、どうやって、売るのかを考え、
それをすばやく実現することこそが
本当の営業活動だといえます

KEY WORD → ☑ フィリップ・コトラー、マーケティング4.0

01 「誰のために売るのか」を考える

「こういう自分になりたい」という自己実現の欲求に訴えられる、自己実現に役立つ商品であることが求められています。

「消費者」と一言で言ってもその範囲は広く、対象を絞るのは難しいためです。従来のマーケティングでは、年齢、性別、職業、居住地、趣味嗜好などを設定して、架空の顧客像を作り上げるという方法などが取られてきましたが、**フィリップ・コトラー**が提唱した「**マーケティング4.0**」という考え方は営業マンなら覚えておきたいところ。マーケティングは1.0から4.0の時代へと発展していく中で対象の顧客像が変化してきたというもので、マーケティング1.0は、大量生産

マーケティングの変遷

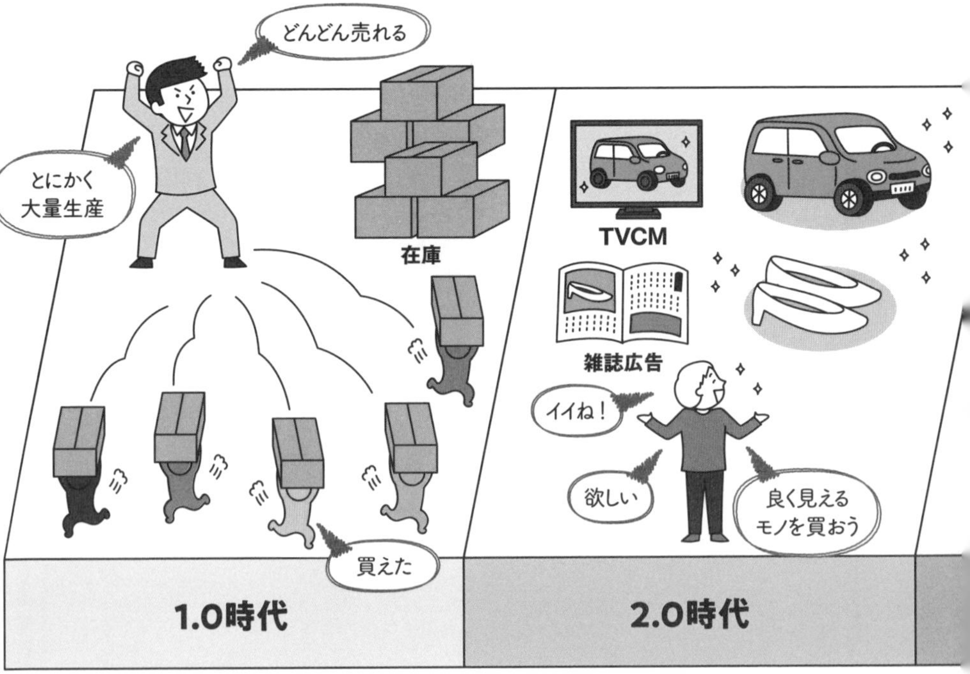

時代の不特定多数の一般大衆向けで、ターゲットが幅広くTVなどのマスメディアで広範囲に広告宣伝するもの。2.0は、対象の消費者を細かく絞り込み、顧客志向で消費者目線の販売政略を行うもの。近年の3.0は、貧困問題や環境問題など、社会貢献などの付加価値をプラスするというもの。最後のマーケティング4.0は、さらに消費者の「こういう自分になりたい」という自己実現の欲求に訴えるというものです。

2 効率良く売るための「営業戦略」とは

リサーチ力を上げて営業効率を上げる

「検討に値しない高値」を1.3で割った額が予算上限、1.5で割ったものが、その人にとっての本当の予算上限です。

初めて出会ったお客様に、いきなり商品を売ろうとするのは難しいものです。そんなときにまず必要となるのが「**リサーチ**」ですが、これは難しいことではありません。お客様に質問を投げ掛け、それに対する反応を見ていけばいいのです。質問は「今日はどうされました？」「今の○○に何かご不満でもおありなんですか？」というもので、お客様の本当の欲求を引き出す工夫をしましょう。簡単な質問を入り口に、さらに深く質問していくと要望や希望が見えてきます。

1.3の法則と1.5の法則

そのほか、お客様の**予算**だって、質問の工夫があります。「ご予算はいくらですか？」と単純に聞いても、正確に答えてくれないことがあります。その際は、次の質問をしてみてください。それは、予算の上限のさらに上を聞いてみるのです。例えば「検討するまでもない金額はいくら？」というもの。その額を1.3で割ったあたりが「本当の予算上限」、そして1.5で割ると「購入予算」の価格となるのです。

顧客は絞り込め

「ブランドとしてのターゲット」と「戦略的ターゲット」を定めるためのペルソナを設定し、社内で共有することが重要です。

コーヒーを売る店の場合、「静かに飲みたい」と「大人数でおしゃべりしながら楽しみたい」という両方の希望に応える店を作るのは難しいものです。顧客の絞り込みができていないと、魅力は生まれず、お客様が離れてしまいます。逆に、絞り込みをすることで、その価値を理解してくれるお客様が増え、リピーターになってくれたり、ブランド力の向上にもつながります。しかし、ビジネスとして成功するには利益を確保しないといけません。そこでポイントとなるの

ターゲットを絞ることが成功につながる

が、利益を最大限確保するための「**戦略的ターゲット**」を定めること。そのターゲットになる対象者の人物像（**ペルソナ**）を、想定されるお客様の中から1人を割り出し、年齢、性別、居住地、年収などの人口統計的属性（デモグラフィック）と、価値観や趣味、ライフスタイルなどの心理的属性（サイコグラフィック）を具体的に設定して作り上げます。その戦略的ターゲットがどのくらいいて、どれくらいの利益が上げられるかを検討するのです。

2
効率良く売るための「営業戦略」とは

やり方次第で売れないモノも売れる

既存の製品やサービスの市場ニーズをヒントに、アレンジや改良品を生み出す「マーケットイン」でヒットを生み出せます。

一般的に、「従来の発想にはまったくなかった新しい商品」であれば大ヒットすると考えがちです。このような考えで商品を生み出すことを「**プロダクトアウト**」といいます。非常に強いインパクトを与え、大ヒットする商品の特徴ではあります。しかし、実現するのは至難の業。莫大な開発費を掛けてもヒットが約束されているわけではなく、失敗作も多いため大博打と言えます。一方、既存の製品やサービスに対しての市場ニーズをヒントにアレンジし、改良品を生み出

プロダクトアウトは大きな賭け

す方法が「**マーケットイン**」。プロダクトアウトでヒットした商品の後追い商品もこれに当たります。しかも、もとの製品よりも大きなヒットを生み出すこともあるため、100の失敗を重ねても一つ大ヒットを出せば問題ない、というような大企業でなければ、狙うべきはマーケットインです。いくらヒット商品でも顧客には何らかの要望があります。その要望を汲み取り、改良することで新たなヒットを生み出すこともできるのです。

「ごめんなさい」を積み重ねると成功する

消費者の要望に対して「ごめんなさい」を言ったところに需要があります。それをヒントにすればヒット商品が生まれます。

プロダクトアウトは大きな利益を生む反面、大幅なマイナスが出る可能性もあるため、マーケットインを狙うことがまずは大事です。そして、マーケットインの商品を生み出すには、プロダクトアウトで登場したヒット商品の「改良できる点」「新たに追加したほうがいい機能」を見つける必要があります。その判断には、お客様センターなどで「ごめんなさい」という言葉をどれくらい言っているかを数えてみることです。これは、顧客や消費者の**要望**に対して「そういっ

お客様センターに届く顧客の声は宝物

画期的なモノを作るのは
開発費もないし
開発書
お客様センターに行ってみよう
お客様センター
その機能はないんです
そういったサービスはしていないんです
要望
こんなに要望があるの？

たサービスはしていません」「その機能はありません」と謝った回数をカウントするというもの。その回数の多さがお客様の**需要**の証明になります。需要がはっきりすれば、サービス・素材の変更や、機能の追加など、改良点が明確になります。自社製品ではなく、お客様センターなどがない場合、アンケート調査などを利用して既存のヒット商品の改善点を割り出して商品を開発することで、お客様の需要を満たしたプロダクトアウト商品を生み出すことができます。

06 競合が多い場所からはすぐに撤退すべきか？

表彰台に上がれるのは3位まで。入るのが難しいときは、独自の強みで新たな競技に参入するのが勝つ秘訣です。

競合が少ない「ブルーオーシャン」ほど、ビジネスがやりやすいのは広く知られています。であれば、競合が多い市場からは早々に撤退したほうがいいのでしょうか？　それを判断するための法則の一つが「**表彰台の法則**」です。これは、例えば陸上競技の表彰台のように、勝てるのは表彰台に上がれる3位までの選手（企業）である、というもの。裏を返せば「表彰台に上がれない」、つまり4位以下になりそうな分野からはすぐに撤退するべきで、競争するだけ赤字にな

正面から王者と戦うのは3位まで

る危険があります。とはいえ、やり方はあって、同じ競技で争わなければいいのです。多くの企業が参戦して顧客の奪い合いを行うのは「価格競争」「品質競争」「ブランド力競争」といったいわば花形競技。消費者の注目が集まりやすい項目を特徴に挙げることが多く、当然ライバルもそろっています。しかし、同じ商品であっても、例えば圧倒的に使いやすい「デザイン」や地球環境に優しい「素材」など、ライバルたちが掲げる「価格」「品質」「ブランド力」といった特徴以外の**独自の強み**で勝負できます。

07 「ブラックバス戦略」で一人勝ちを狙う

古い体質の業界に新規参入し、新戦略で市場を一気に支配し、競合に勝つ「ブラックバス戦略」で競争を勝ち抜きましょう

過当競争で生き残る戦略の一つが「**ブラックバス戦略**」です。ブラックバスは、元々日本には生息せず、大正時代にアメリカから持ち込まれた「**外来種**」です。スポーツフィッシングでおなじみですが、元から住んでいた在来種（日本の魚）を駆逐し、水場を独占してしまうことで知られています。この魚の名を冠したブラックバス戦略とは、既存の市場に対して外来の企業が殴り込みをかけ、既存の企業を淘汰してしまう戦略のこと。この戦略は、特に停滞産業や衰退産業

競合を追い出すブラックバス戦略

において有効で、有名な例として挙げられるのがホームセンターです。かつてはどの街にもあった金物屋さんは、ホームセンターが登場することで一気に淘汰されました。古いシステムや体質を持った業界に対して殴り込みをかけ、新たなシステムや画期的なアイデアを提示し、市場を一気に支配するのがこの戦略の大切なポイント。ホームセンターのように市場（お客様）に受け入れられることができれば、既存の競合を駆逐してエサ（消費者）を独り占めできます。

競合が強ければ「コバンザメ戦略」が有効

市場に君臨する強者を相手にするのではなく、コバンザメのように共存できる関連事業で需要を拡大するのも戦略の一つです。

ブラックバス戦略に続き、サバイバルに有効なもう一つの戦略が「**コバンザメ戦略**」です。特に、市場に君臨するような強い企業がいる場合に有効で、その企業の業務に関連する分野においてコバンザメのようにくっついて利益を上げます。例えば、Googleが圧倒的なシェアを誇るWeb検索の業界では、同じ検索の分野で参入しても勝ち目がありません。そこで、Googleの検索結果でより上位に表示されるように企業にアドバイスする「**SEO**（Search Engine

強者と共存できる道を目指す

Optimization／検索エンジン最適化）**コンサルティング**」という業界が、売り上げを伸ばしました。このように「Googleという圧倒的な存在」に依存した分野で勝負する戦略です。この応用としては、アイフォンの中古品販売といった「売れている製品のリサイクルビジネス」なども考えられます。この戦略で参入する際のポイントは、「これから伸びていきそうな業界の見極め」。トータルでシェアが大きい業界のほうが、より大きな利益を得られるからです。ブラックバス戦略もコバンザメ戦略も、どの業界に参入すれば成功するのかを自らの力で探し出すことが重要です。

一毛作で儲からなければ二毛作にチャレンジする

トップ企業以外は二毛作ビジネスで勝負を。これまでの常識を破ることから新たなチャンスが生まれてくるのです。

定番商品ではなく**訳アリ品**（B級品）を売ったり、土日だけ違うビジネスをするといった、いわゆる「**二毛作ビジネス**」を行うことも視野に入れると、行き詰まったビジネスを打開することができます。飲食店がランチ前に食材の販売を行ったり、週末や1シーズンだけ違う業種のビジネスを行うといった時期をずらす方法であれば、取り組みやすく、メリットも生まれます。そもそも、一つのビジネスだけで万人向けの勝負ができるのは業界トップの企業だけでしょう。

コストを利益に変える二毛作ビジネス

2位以下の企業が二毛作ビジネスを行うときにポイントとなるのは「時間・季節変動のある業界である」「家賃コストの回収ができる」の2つです。二毛作ビジネスが時間や季節をずらして、さらに余計な家賃もかからない、という条件が整えば、検討する価値は十分にあるでしょう。二毛作ビジネスだけでなく、「本業だけを行うのが当たり前」といった思い込みやこれまでの常識を疑ってみることで、新しいビジネスチャンスが生まれるのです。

KEY WORD → ☑ 情動、葛藤、心理的なリスク、妥協

集団になると変化する人の心理

モノを買う消費者の心理は変化するもの。時代や場所に合わせた感情を理解すれば、セールス結果も変わってきます。

人がモノやサービスを買う心理は**情動**、つまり感情によってスタートし、**葛藤**や**心理的なリスク**を加味したうえで最終的な**妥協**による購買行動に発展していく、というのは前述のとおりです。これらすべてに関わっているのは人の感情であり、人の世の中は感情で動き、そして場所や時代などが変わることでその感情も変化し、それをうまく理解することがビジネスを成功させるカギになります。このビジネスと結び付く個人の感情ですが、実は集団になることで変化

人の感情は集団心理に流されやすい

することもあります。例えばバーゲン会場で「私も買わなくちゃ」と周囲の熱気に引っ張られて余計な買い物をしてしまったり、一人であれば購入を迷うような慎重な性格の人でも何人かでいるときには「あの人も買っているから」とあっさりと購入する、などがあります。人は、単独でいるよりも集団にいるときのほうが強気になったり、直情的になりやすくなるなど、集団心理に影響されやすいもの。周囲の誰かが「買いたい」と言い出せば「私も!」という気持ちが働き出すことも覚えておきましょう。

KEY WORD → ☑ 捕食戦略、営業戦略

11 捕食動物のように戦略を練る

戦略のない営業活動は成功しません。生きものが持つ「捕食戦略」も営業活動を行ううえでの規範になるかもしれません。

人の心理と購買活動のつながりには未知の部分がまだまだ多く、「消費のメカニズム」はマーケティングのプロでも解明しきれていないことがたくさんあります。しかし、生物学や遺伝、大脳生理学、社会学などを知ると人の心理と購買活動のメカニズムの理解の助けになります。人間の行動や心理は遺伝、生物、脳、社会といった切り口で説明がつくことが多いのです。例えば、動物の「**捕食戦略**」。クモが巣を張って獲物を待ち構えたり、オオカミがチームで獲物を追い込

オオカミのように戦略的に獲物を狙う

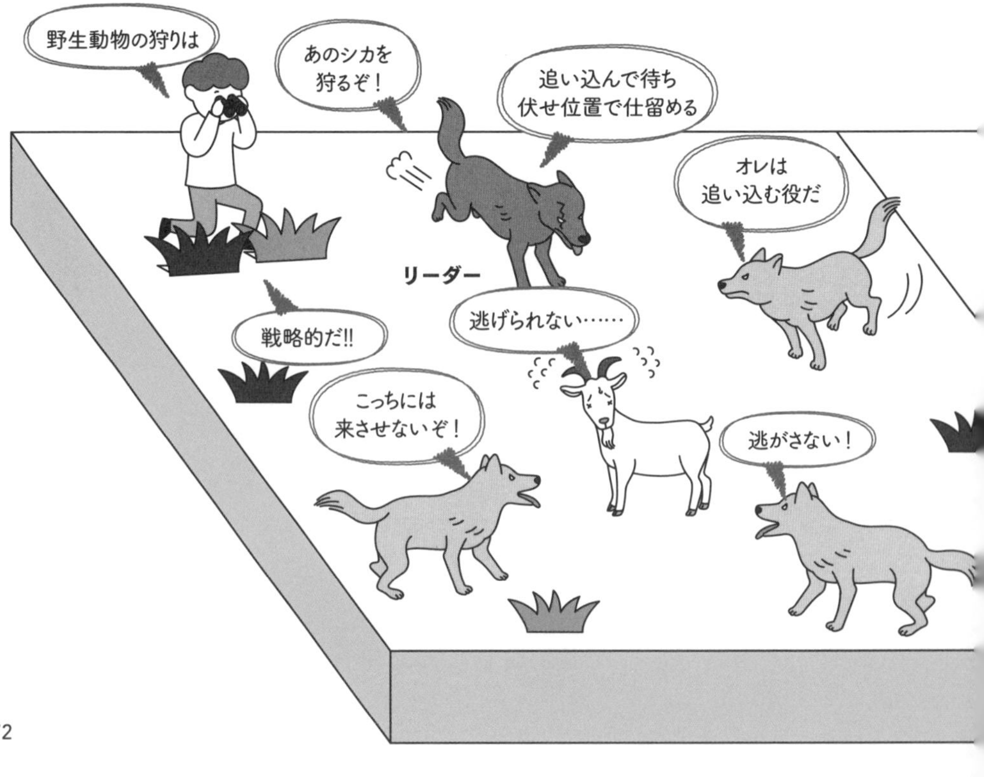

んだりといった、獲物＝エサを得るための戦略ですが、生きものはすべてこの戦略を持って捕食活動を行っています。これは、人間のビジネスでも同じ。**営業戦略**は、オオカミのように群れ（チーム）を統率するリーダーいて、的確な狙いを定め、結果へと追い込まなくては、狩り（営業）は成功しません。また、チョウチンアンコウのように疑似エサを使ってお客様を誘い出したり、アリ地獄のように罠を張って引きずり込んだりと、ビジネスで応用可能な動物の行動生態学の知識は少なくありません。売り上げという獲物を捕まえるためにどうするのが効率的なのかは、捕食戦略から見つけ出すことができるのです。

時代の変化に敏感に対応する

あらゆるものがあっという間に進化し変化する現代。消費者意識を敏感に予測し対応していける先見性と柔軟性が重要です。

人間の心理は、時代や社会の移り変わりによって大きく変化するもの。特に消費に関する考え方の変化は、モノを売るという現場においても非常に大きな影響を及ぼします。その変化が端的に表れていることの一つに、人生における「儀礼」に対する考えの変化があります。昔は、赤ん坊が将来食べ物に困らないようにという願いを込めた「**お食い初め**」や、妊婦の安産を祈念する「**帯祝い**」という儀礼がありましたが、これらの儀礼を行う家庭は減りました。これはか

購買動機となる儀礼は時代で変わる

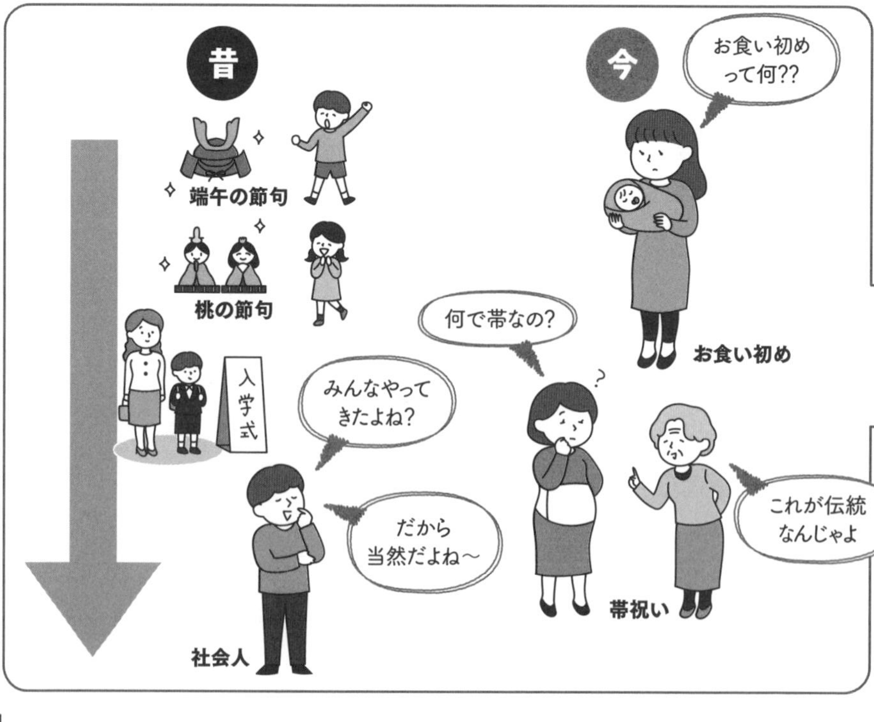

つてほど食べ物に困らなくなったことや、医学の進歩で出産が危険ではなくなったことが関係しています。また、「何かをもらったらお返しする」という人付き合いの意識も、人間関係が希薄になった若い世代では減っているようです。このような儀礼や人付き合いといった「共有されている」ことが前提だった意識は確実に変化しているため、前提条件を見直さなくては「お食い初め」「帯祝い」のようにビジネスとして成り立たなくなる危険性が高まります。時代とともに人々の意識が変化していることを感じ取り、現代の人々の意識に合わせたビジネスへと変容させていく、ということも大事になります。

column No. 03

自社の強みが簡単に分かる方法～ USP とは～

価値観が多様化した現代では、自社ならではの強みをアピールすることが必要です。そういった独自の強みのことを USP（Unique Selling Proposition）といいます。USP を作り、打ち出すには以下の 5 項目が重要です。

1．消費者や顧客のニーズを把握する。
ユーザーの要望をリサーチし、ニーズに応えます。

2．競合他社の USP を検討する。
他社の USP を把握して自社 USP が本当に独自なのか、新たに挑む領域などを知れます。

3．独自性や専門性を突き詰める。
他社が真似できない部分を突き詰めます。

4．複数の強みを掛け合わせる。
専門性や独自性が強くなくても、複数の項目を組み合わせれば強みになります。

5．他社に先んじて USP を打ち出す。
USP は他社より早く打ち出さないと、他社の USP のイメージを覆すのが大変になります。

chapter 3

「集客」のノウハウを学ぶ

モノを売るにはお客様という相手が
不可欠です。そこで大切になるのが、
どれだけのお客様を集められるかです。
多ければ多いほどチャンスは広がります

まずは警戒心を解いてあげる

営業マンや販売員がつらいのは、門前払いされたときではないでしょうか。最初は顧客の警戒心を解くことから始めましょう。

今も昔も、おいしい話を目の前にぶら下げて顧客を集め、高い商品を売り付けるような手法を取る企業は少なくありません。そのため、見知らぬ営業マンや販売員に声を掛けられれば、誰でも**警戒心**を抱くのは当然です。つまり、顧客の警戒心を解くところから始める必要があるわけです。警戒心を持ったままだと、いくらアピールや説明をしても、「本当かな……」という疑いが拭えません。

顧客の警戒心を解く4ステップ

顧客の警戒心を解くのに有効な方法の一つが、「お試し体験」です。顧客にお試し体験してもらって自社の商品やサービスを知ってもらう手法です。スーパーの食品売場やデパートの地下で行われている試食コーナーや、化粧品売場などで提供される試供品などはその典型です。もちろんエンドユーザー向けだけではなく、企業に向けたお試し体験も行われています。例えば、工場向けの消臭設備を売り込みたい場合など、顧客に1週間の無料お試しプランを提供することがあります。まずは顧客に商品の効果を知ってもらうことで、成約率がアップするのです。

人はなぜ「紹介」をしたくなるのか？

集客には口コミが効果的といわれています。ただし、口コミと紹介は違います。紹介は「喜ぶ」のがカギなのです。

どんな経営者であっても夢見ることがあります。それは、一人の顧客が商品やサービスを知人に紹介し、どんどん顧客が増えていくという理想的な状態です。だからこそ、多くの企業が「**お友達紹介キャンペーン**」を実施しています。しかし、なかなか目覚ましい効果を出すところまでは至っていないのは、なぜでしょうか？　それは、「お友達紹介キャンペーン」というものの前提に、「顧客は自分にメリットがあるなら友達を企業に紹介する」という間違ったものがあるからで

紹介を促進するコツ

❶「紹介者」を見つける

リピーターのなかには、友人・知人に商品・サービスを積極的に消化してくれる人がいます。

す。そもそも、お友達を紹介しないタイプの顧客は、何か特典をもらえるとしても紹介はしません。その反対にお友達を紹介するタイプの顧客は、プレゼント目当てではなく、「友達にも、企業にも、喜んでほしい」から紹介していることが多いのです。つまり、顧客が次から次へと知人を紹介してくれるためには、しっかりと「喜んでいることを伝える」ということが非常に重要なのです。もし顧客が友達を紹介してくれたなら、営業マンは、本当に喜んでいることを、何度も伝える必要があります。「そんなにも営業マンは喜んでくれているのか……」と思うからこそ、「次も紹介してあげたい」と思うようになるのです。

紹介者のモチベーションの上げ方

❷「紹介者」に感謝を伝える

「紹介者」は、良い意味のおせっかいで自社の商品・サービスを紹介してくれます。そのことへの感謝を丁寧に伝えることで、次の紹介につながります。

❸次のアクションを促す

「紹介者」への丁寧な対応によって、次の紹介を促し、商品・サービスが広がっていきます。

ディズニーリゾートが永遠に未完である理由

すばらしい商品やサービスもいつかは飽きられたり、時代遅れになるときが来ます。大事なのは常に成長し続けることです。

娯楽産業で世界のトップを走るのがウォルト・ディズニー・カンパニーであるといえるでしょう。ことは異論を持たないところでしょう。1923年に創業以来、世界中でテーマパークを運営しています。創業者**ウォルト・ディズニー**は「ディズニーランドは永遠に完成しない。この世界に想像力が残っている限り、成長し続ける」という言葉を残しました。ディズニーランドは世界中に進出し、その数を伸ばし続けています。なぜ、ディズニーランドは世界中で人気が衰えな

「未完」＝成長し続ける

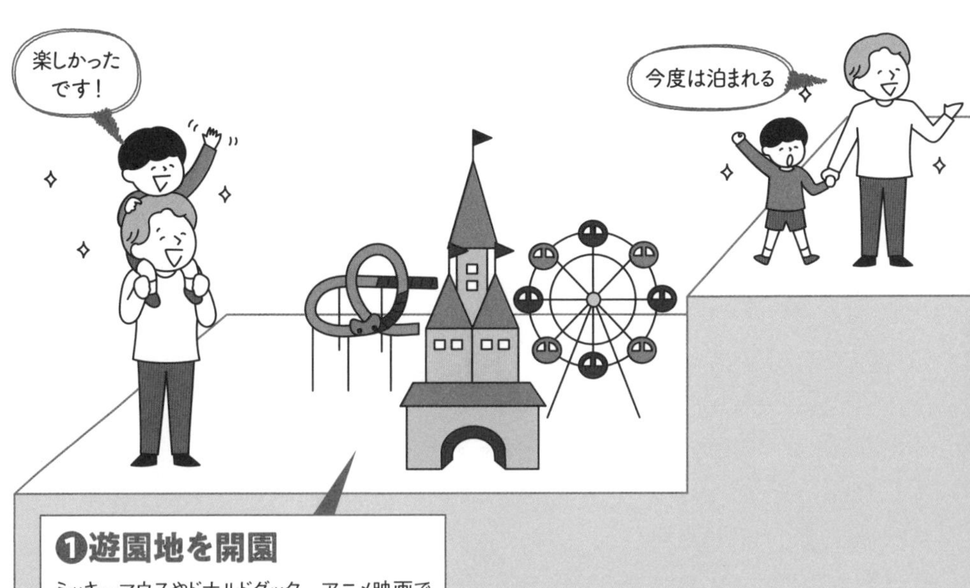

❶遊園地を開園

ミッキーマウスやドナルドダック、アニメ映画で慣れ親しんだキャラクターたちの世界観を再現し、開園当初から日本人の心をつかみました。

いのでしょうか。例えば東京ディズニーランドは1983年のオープン以来、次々と新しいアトラクションを完成させたり、新サービスを取り入れ、そのたびに話題を提供してきました。顧客を飽きさせないのです。その結果、1980年代に10万人台だった年間入場者数は2010年代には30万人台にまで増えました。東京ディズニーランドが現状維持しかしていなければ、飽きられて入場者数も頭打ちになっていたのではないでしょうか。どんなにすばらしい商品やサービスを開発したとしても、顧客は飽きてしまうものなのです。**ディズニーリゾート**が永遠に未完であることは、常に成長し続けていることを客にアピールし、飽きさせない工夫だと言えるでしょう。

大企業に負けずに集客する方法

大企業と同じ土俵で闘っても勝ち目はありません。中小企業が集客するうえで大事なことは、アイデアで勝負することです。

潤沢な予算や豊富な人員がいる大企業は、集客を行ううえでも有利なことは間違いないでしょう。莫大なお金があれば、有名人などを起用したテレビCMを制作することも可能になりますし、社員数が多ければ全国的なキャンペーンも行うことができます。しかし、財源に限りのある中小企業や個人経営の場合、大企業と同じことはできません。お金の代わりに優れたアイデアと工夫で集客する必要があるのです。柔軟な発想で集客する方法を考える必要があります。

新旧PR戦略のコスト差

インターネット+α
（ローコスト）

ネットメディアの質が向上し、企業が運営母体となるオウンドメディアの価値が高まっています。大規模な予算を組まなくても話題を集める可能性があり、中小企業には有益な広告媒体になっています。

ある中小の製造業の集客成功例を紹介しましょう。この製造業者は不景気で業績が悪化し、長年の業績不振に悩んでいました。そこで原因を分析した結果、自社ホームページの**SEO対策**（P66）が不十分で新規顧客に向けたPRが不足していたことが判明。ホームページからの問い合わせがないどころか、社名を検索してもヒットしないような状況でした。そこで外部企業に依頼し、SEO対策を盛り込んだうえで顧客が分かりやすくなるようにホームページをリニューアルしました。その結果、新規の取り引き先が7倍に増えたうえ、他業種からの問い合わせも急増。3年間で3000万円の売り上げアップを達成することができたそうです。

思い込みがビジネスチャンスを潰している

ビジネスチャンスはどこにあるか分かりません。時として思い込みや自分の常識が飛躍のきっかけを潰すこともあります。

人間の**思い込み**とは恐ろしいもので、例え事実と異なっていたとしてもいちど持った印象はなかなか覆らないものです。そうなると、やってみる前から「そんなこと、できるわけない」という**先入観**を持ってしまい、せっかく訪れたビジネスチャンスを自ら潰すことにもなりかねません。「そんなことができるの？」と思ったときは、先入観に流されず、本質を突き詰めて考えてから判断するクセを付けることがビジネスを成功させる第一歩になると考えられるでしょう。

思い込みのデメリット

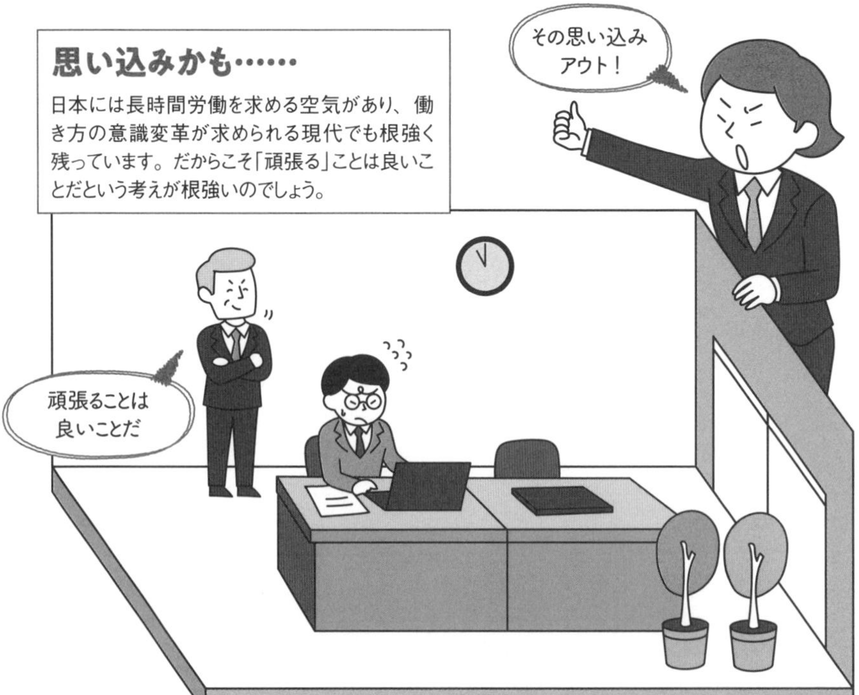

思い込みかも……

日本には長時間労働を求める空気があり、働き方の意識変革が求められる現代でも根強く残っています。だからこそ「頑張る」ことは良いことだという考えが根強いのでしょう。

人間は年齢を重ねると、それまでの人生で身に付けた**常識**に沿って生きるようになるものです。ただ、常識という考え方も、見方を変えれば思い込みともとらえることができそうです。例えば「残業は頑張り屋の象徴」という考え方もできますが、一方では「残業をする者は仕事が遅い人」ととらえることもできるでしょう。常識は時代とともに変化するものです。どんなことからビジネスチャンスが訪れるか分かりません。自分の常識に沿った考え方をしたばかりにビジネスチャンスを逃してしまった、ということも考えられます。自分の常識を疑ってみる、という視点を持つことも成功するうえでは大事になるでしょう。

発想の転換のメリット

定時に退勤できれば、パートナーや家族との時間が作れるといったプライベートのメリットだけでなく、会社帰りに寄った先で企画の端緒になるものを見つけたり、仕事上のメリットもあります。

乗り越えられない境界を越えさせる方法

顧客は常に葛藤しています。どうすれば購入に導くことができるのかを考えることで集客に結び付く可能性が高くなります。

どんな業種にも当てはまることですが、お金を払って何らかの商品を購入したり、サービスを利用しようとしている顧客は常に**葛藤**しているものです。集客上手になるには、顧客が抱えている葛藤に配慮する必要があります。葛藤を乗り越えて、顧客が安心して購入できるようにすることが集客上手になるカギとなるでしょう。そのためには、顧客がどんな葛藤を抱えているのかを知ったうえで、どうすれば購入するかを検討し、対策を考えることが第一歩になります。

顧客の葛藤を乗り越える3つの方法

ほかの客の意見を活用

「○%のユーザーが支持」「顧客満足度○%」といった謳(うた)い文句が典型例。例えば鍋を買う場合、「鍋を買う」という目的以外は具体的に決まっていないときに、商品選びを誘導します。

高級ブランドのショップの前で、入店しようかと迷っている人がいます。この人はどんな葛藤を抱えているでしょうか。高価な買い物をするのですから、しっかりと現物を見て購入したいのはもちろんです。ただ、販売員に声を掛けられるのは気が重いし、買わないかもしれない……。そんな人に商品を買ってもらうにはどうすればいいのかを考えることが大切になってきます。気軽に入れる雰囲気を作ることは不可欠でしょうし、じっくりと商品を見られるよう心くばりをすることも必要かもしれません。どんな方法を取るのが最も効果的なのかは顧客によって異なるので、**臨機応変**に対応することが重要になってくるでしょう。

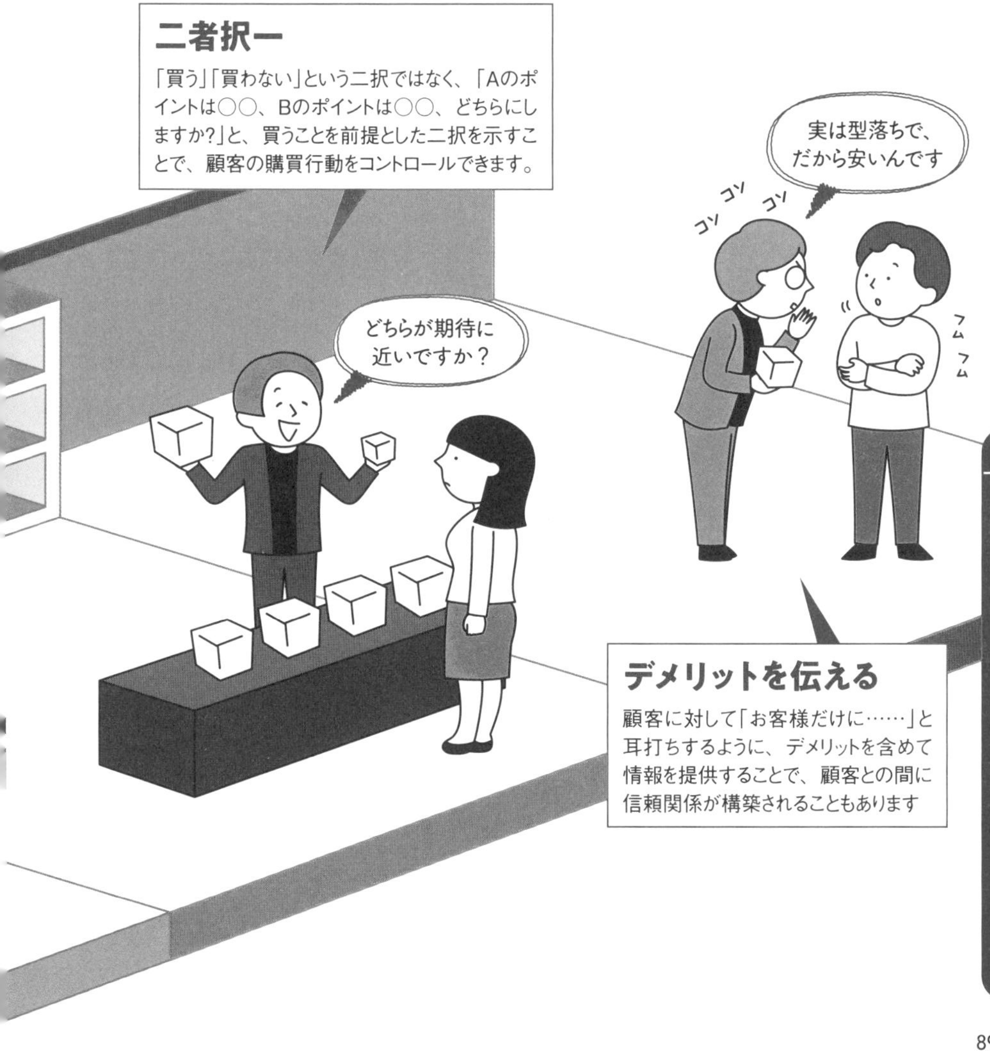

二者択一

「買う」「買わない」という二択ではなく、「Aのポイントは○○、Bのポイントは○○、どちらにしますか?」と、買うことを前提とした二択を示すことで、顧客の購買行動をコントロールできます。

デメリットを伝える

顧客に対して「お客様だけに……」と耳打ちするように、デメリットを含めて情報を提供することで、顧客との間に信頼関係が構築されることもあります

07 入りやすい入り口が顧客を生み出す

小売業や飲食店で大事なことは、顧客が気軽に入りやすいこと。当たり前のようですが、つい忘れがちなことかもしれません。

どのような外観の店舗なら、顧客に「入ってみよう」という気にさせるのでしょうか。業種や顧客層によっても異なりますが、陰気な感じがしたり、何を売っているのか分からないお店に入りたくなる人は、あまりいません。また、見るからに高級そうな店構えで気取り過ぎた外観の店舗も、入るのに二の足を踏みそうです。やはり通りがかりの人でも、入ってみたくなるお店は「**清潔感**」と「**情報開示**」、そして「**親近感**」の3つがキーポイントになりそうです。まず、通り

入りやすい入り口の3条件

清潔感

店の入り口の目に付く所にゴミが落ちていたりすると、衛生管理に疑いを持たれますし、「店内も汚いのでは」「商品・サービスも雑なのか」など、ネガティブな印象を持たれてしまいます。

がかりの人に「ここにこんな店があるのか」と認知してもらう必要があります。流行っているお店は、外に目立つ看板やディスプレイなどで盛んにPRを行っているでしょう。窓ガラスを大きくして、店内の様子が分かるようにしても効果的かもしれません。顧客に親近感を持ってもらうことも重要。なかなか入りにくい重くて冷たそうな金属製のドアのお店でも、温かみのある木製のベンチが店舗前に置かれていたら、親近感を持ってもらえる可能性が上がるのではないでしょうか。

「知る」「伝える」を極めれば集客できる

集客の主な手段は宣伝です。ちょっとした工夫をすることで宣伝効果が劇的に改善し、集客に結び付くことも考えられます。

集客を課題と感じている企業は多いことでしょう。しかし、その課題を簡単に解決できる手法があります。「そんな簡単にはいかないだろう」と思うかもしれませんが、「知らない手法があることさえ、知らない」という企業は少なくありません。集客の基本は、「顧客に知らせる・伝える」ということであり、メッセージを伝えるための手段を適切に選べば、集客戦略はうまくいくようになります。まずは「顧客に知らせる・伝える」ための手法は、どのようなものがあ

ツイッターを使った拡散戦略

ツイートの拡散経路は2通りある

行け！

一般的な投稿

自社アカウントのフォロワー以外、つまりファン以外にも波及するように、自社製品ではなく一般的に広く注目されることを意識した投稿をすることで、新しいファンを得る機会になります。

るか、情報を集めてみてください。現在ではSNSを使った宣伝も一般的になりました。こうした電子媒体を介した宣伝手法は注目されています。**Twitter**や**Instagram**の**フォロワー**が増えてくると、それをメディアが取り上げたりするなどの二次的な広告効果も期待できます。例えば食品メーカーの「井村屋」では、新製品を案内するツイートのほか、自社製品に関係ない投稿を行って10万人以上のフォロワーを獲得しています。

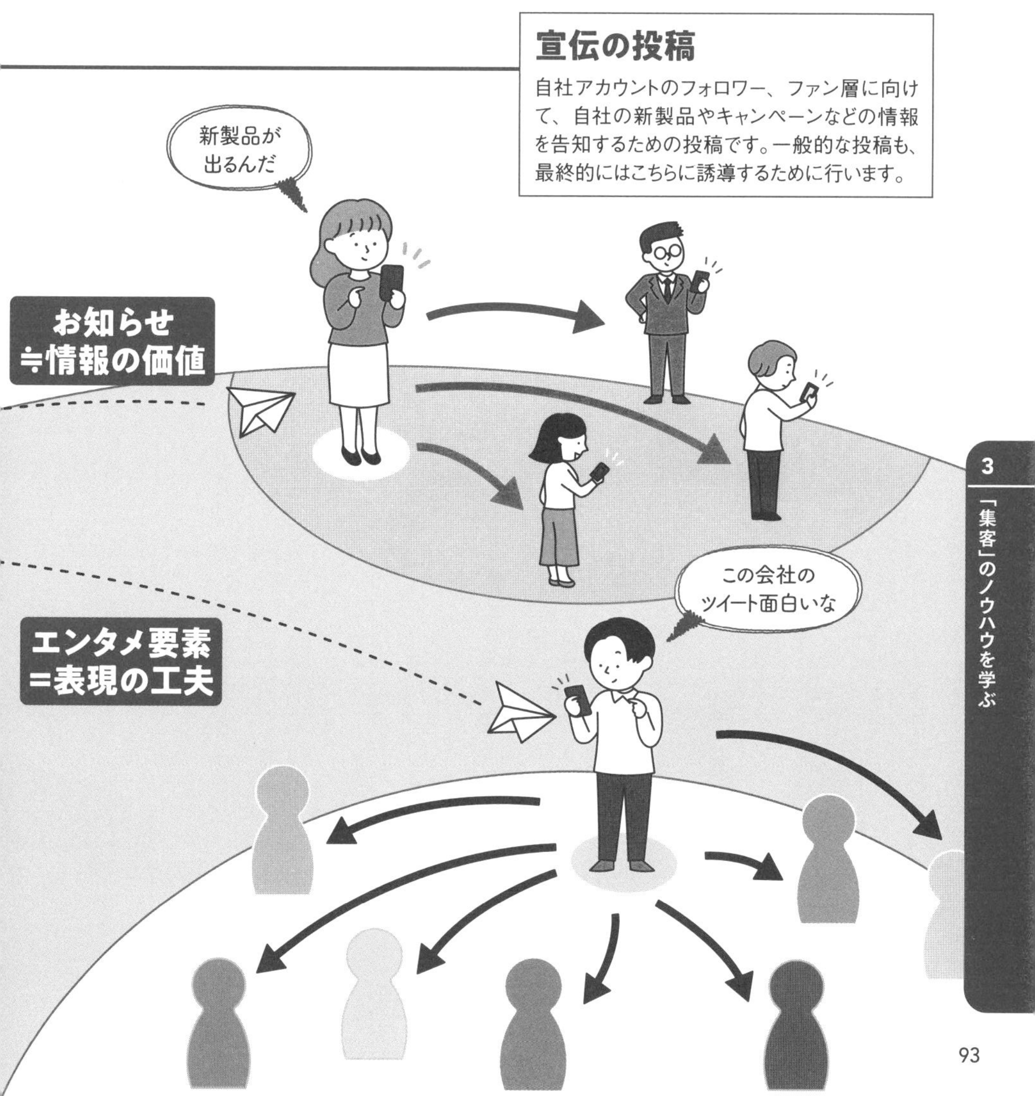

うまくできないのは「知らない」のが理由

コツを知らないと集客はなかなかうまくいかないもの。基本的な情報を上手に整理し、効果的な集客につなげることが肝心です。

広告で努力してもなかなか集客できないと、「値段が高いからダメなのかな？」と、自社商品のダメなところを原因だと言い始めるミスを犯しがちです。ついには商品やサービスを「値下げ」しようとしますが、そんなのでは良いことは一つもありません。では、集客のコツはどこにあるのでしょうか。まず、自社の商品やサービスに惹きつけられるような魅力（アピールポイント）が必要です。魅力は必ずあります。顧客が買ってくれている理由を掘り下げて、「**What**

What（何を）・Who（誰に）・How（どうやって）

UIデザインが使いやすいし格好いい

他社と比べてサービス料が安い

What（何を）

自社の商品・サービスのどのような部分を、顧客は評価して買ってくれているのか。

（どの部分を）・**Who**（誰が）・**How**（どのように）評価してくれているのか」という基本的な情報を整理します。「What」は自社の商品・サービスのどのような部分を、顧客は評価して買ってくれているのかです。「Who」はどんな人がターゲットになっているのか、です。「How」は提供する商品・サービスが、どのように評価されているのかです。こうしたことを突き詰めて効果的な宣伝のやり方や集客の切り口は自ずと見えてくるのではないでしょうか。

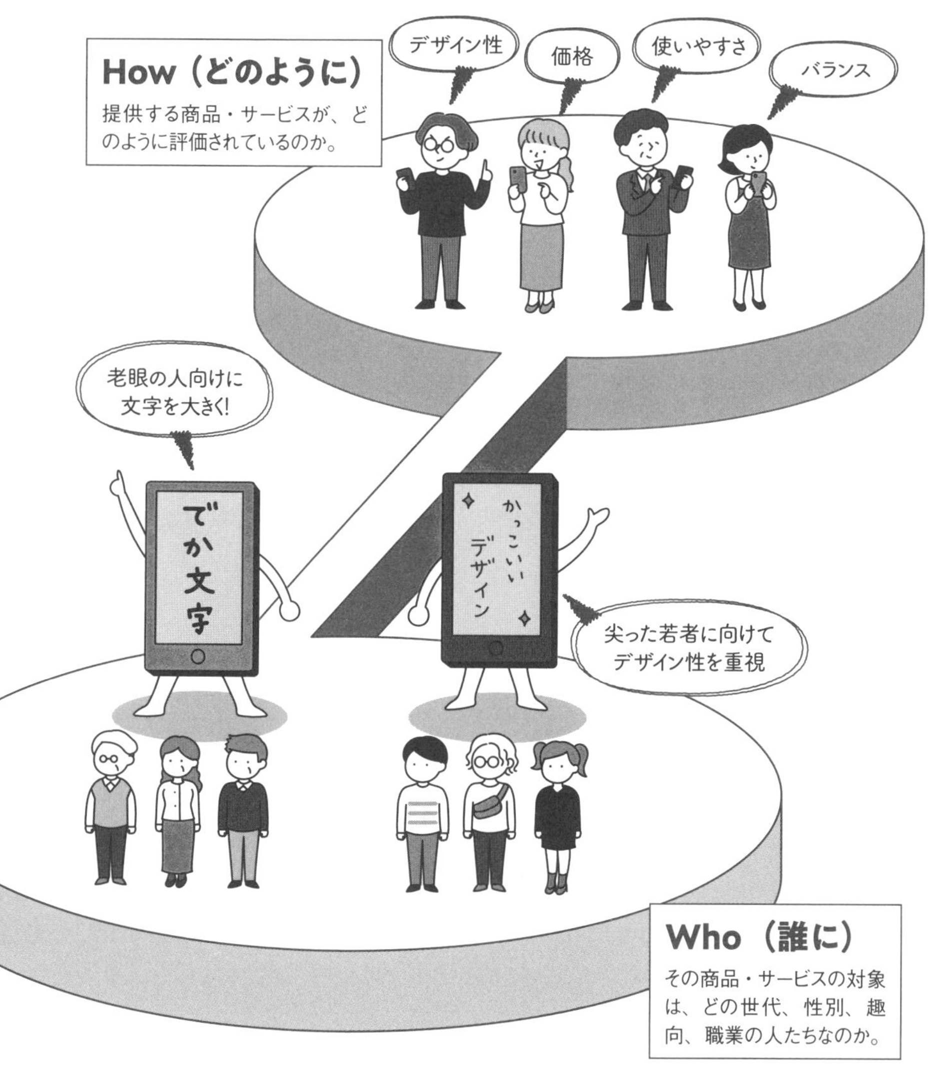

KEY WORD → ☑ 広告費、広告媒体、CPO

広告費を掛ければいいわけではない

広告を出すときは、つい有名なメディアに目を奪われがちですが、本当にその媒体がベストか考えてみる必要があるでしょう。

広告には大きな費用が掛かります。CMを制作し、民法キー局で流す場合、最低でも150万円以上が相場といわれます。サービス業や一部のメーカーでは年間の**広告費**が年間売り上げの15～20%にもなるという統計も明らかになっています。それだけに、同じ効果が見込めるならできるだけ費用を掛けたくないと思うのは自然な考えでしょう。また、限られた広告予算をどの**広告媒体**に振り分ければ、より効果的な集客が見込めるかも考えていく必要があるでしょう。

新聞広告は読者の世代に左右される

若者層

一般社団法人新聞協会によると、2007年と2017年の新聞支出額の統計を比較したところ、30代未満の新聞支出額は、10年の間に77%も減ったという結果が出ています。

広告を出稿する場合、ついテレビCMや大手の新聞などに目が行くかもしれません。しかし、自社の商品やサービスはその媒体を見る人にマッチしているでしょうか。まずは媒体についてよく知ることが重要です。1人の顧客を獲得するために集客や広告にいくら掛けるかを「**CPO**（コストパーオーダー）」といって、この金額が安いほど効率的な広告手法といえそうです。ある調査によると、20代後半〜30代前半の若い世代は、半数以上が新聞を購読しないというデータが明らかになっています。若者向けの商品やサービスの広告を出したいのなら、全国紙に出してもCPOが高くなるだけで効果は薄いかもしれません。

世界を相手にするネットビジネス

ネットビジネスも今では当たり前になりました。顧客ターゲットを絞り込んだビジネス展開をすることが成功の秘訣でしょう。

インターネットが世界中で普及したことで、**ニッチ**過ぎて集客が難しかったようなことでも、世界中の利用者とつながり、その中から顧客が現れる可能性が見込めるようになりました。ネットビジネスなら**顧客ターゲット**を絞り込んで、集客することも可能です。集客上手になるにはこれも頭に入れておくべきでしょう。例えば、女性の爪先の写真を見て楽しむ「トゥ・フェチ」と呼ばれる人達がいます。彼らに向けて、爪先の写真を販売するビジネスが存在しました。自

国内vs世界　市場スケール

思ったより売れない……

国内マーケット（小）

国内マーケットに絞ってターゲットを選定する場合は、「国産」という看板が好きな日本人に向けて、高品質・小ロット・高価格帯の製品を開発するなどの工夫が必要です。

日本市場
1000人

分の妻や女友達の足の爪にマニュキュアを塗り、さまざまなハイヒールを履かせて撮影するだけなので、手間もコストもあまりかかりません。顧客は少数ですが世界中にいるため、英語・ドイツ語・フランス語・イタリア語・確かアラビア語もありましたが、それぞれに翻訳した販売用ホームページを作って、写真集を販売したところ、少数ながら世界にちらばった顧客によって、新作を出すと確実にリピート注文してくれるため、月30万円は利益を出していました。

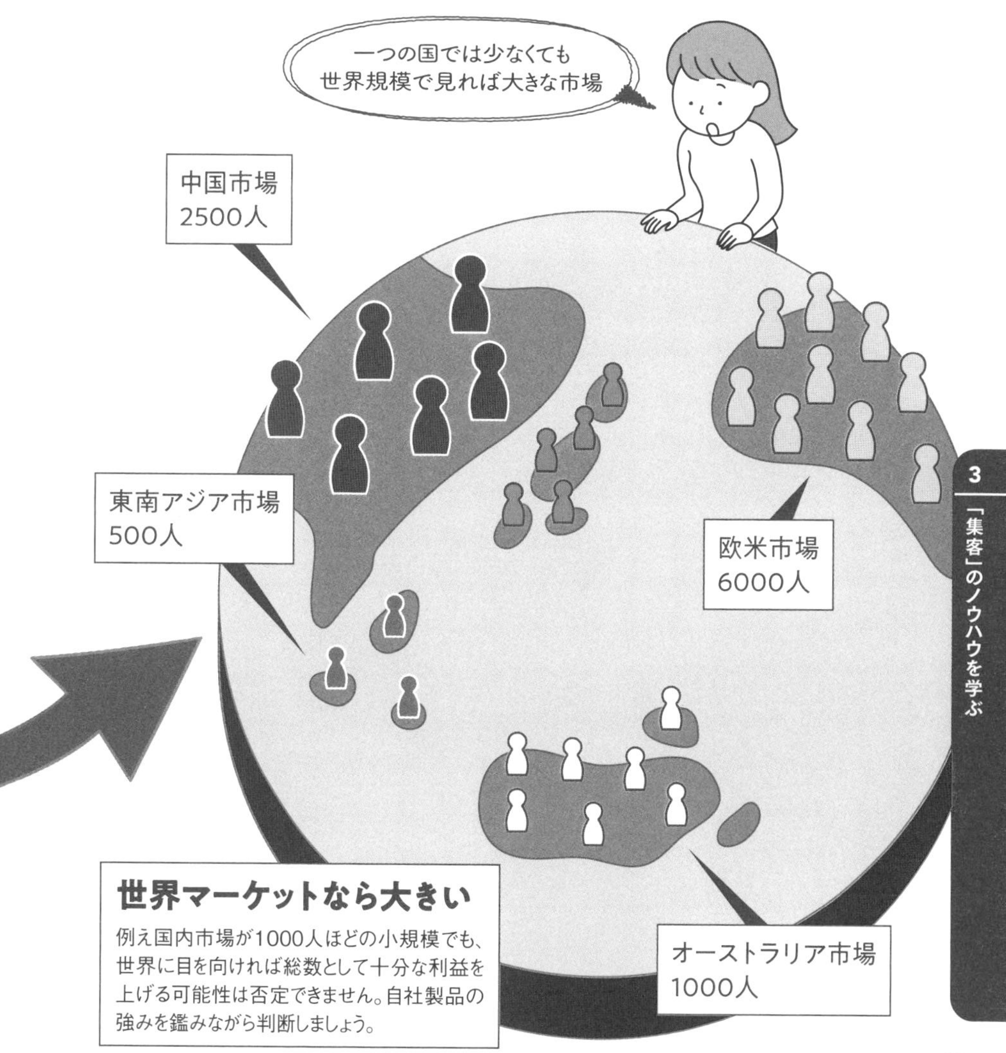

世界マーケットなら大きい

例え国内市場が1000人ほどの小規模でも、世界に目を向ければ総数として十分な利益を上げる可能性は否定できません。自社製品の強みを鑑みながら判断しましょう。

12 お客様の耳に言葉を届けるには

営業マンのノウハウはたくさんありますが、まずは話を聞いてもらうことが必須。顧客に警戒心を持たれないことが鉄則です。

人間は、特に人間関係に敏感な生き物で、他人は味方になるかもしれませんが、危害を加えられる可能性もあります。だからこそ、どんな人でも**警戒心**と**自己防衛の本能**を持っているのです。そして、営業マンに対して、いったん強い警戒心を抱いてしまうとなかなか挽回できないものです。だからこそ、「雑談」が大切になるのです。雑談のコツは、まずは「目に見えていること」をネタにすると良いでしょう。顧客の会社の建物外観とか、内装とか、壁に飾ってある絵

売り込み　良い例vs悪い例

悪い例　×

競合他社を過度に貶（おとし）める発言をすると、顧客に陰口を言うタイプだという印象を与えてしまいます。人間関係でも、陰口ばかり言うタイプは結局信用されないのと同じです。

とか、おしゃれな照明とか、顧客の会社の社員・スタッフが働いている様子とか……何でも良いので「目に見えていること」をネタに雑談にしてみるのです。例えば、名刺交換をしたあとに、「今日はお時間作っていただいてありがとうございます。さっそく本題に入りたいのですが、それにしても、格好いい会議室ですね。いい感じの絵も飾ってあって、あの絵はどんな絵なんですか？」などと雑談によって、顧客の警戒モードを溶かしていきます。これが「アイスブレイク」です。

良い例　○

商談ばかりだけでなく、日常的な話題や時事ネタなどを織り交ぜながら話すと、相手との共感を得ることができて、結果的に信頼を得ることができます。

column No. 04

集客の成功事例

ドラッグストア大手「マツモトキヨシ」は誰もがご存知でしょう。その創業者、松本清氏はアイデアマンだったそうです。マツモトキヨシは1932（昭和7）年に千葉県松戸市で「松本薬舗」名で創業しました。この地で創業した理由は当時、常磐線沿線は薬局のない街が多かったから。店先に空箱を陳列し、品ぞろえの豊富さをアピールする、見世物猿を置いて来客を増やすなど、数々の仕掛けで集客を増やしたといわれています。店名についても、誰でも読んで覚えてもらえるようにと、あえてカタカナを採用したそうです。

松本清氏は1973年に他界しましたが、その後も創業者魂は健在で、1987年にオープンした「上野アメ横店」では、当時の薬局には珍しく明るい照明を採用し、開放的で入店しやすい雰囲気を実現。都市型ドラッグストアとしての地位を確立しました。この画期的な試みが顧客に支持され、現在では全国で1700以上もの店舗を展開する企業に成長しました。

chapter 4

「欲しい」を引き出し 購買へと導く最強営業スキル

お客様の心を動かして「買おう」を
決めさせるのが営業マンの役割。
トップセールスマンが行っている
スキルを知り、身に付けましょう

好印象はなぜ必要なのか

人間は第一印象で相手を判断する傾向があります。印象は操作することが可能なので、意識することで好印象を演出できます。

ボソボソと話す暗い印象の人よりも、ハキハキと話す明るい営業マンのほうが好印象を与えるのは言うまでもありません。多くの人が**第一印象**で「あの営業マンは感じが悪くて嫌だな」「あの人は雰囲気もいいし、買うならこういう人から買いたいな」と感じたことがあると思います。「この人はどうも……」とガティブな印象の営業マンがいる一方で、「初対面で好印象を与える営業マン」も確かにいます。彼らはどんな工夫をすることで好印象を獲得しているのでしょうか。

好印象を演出するポイント

笑顔がいい人をチョイス、トーン、カメラ目線

清潔感、声質、笑顔、顔色

❶愛用者の意見

❷専門家の解説

このお茶を飲んで体重が10kg減りました

お客様のご意見です

ココがちがう!!!

専門家のご意見です

ほかのお茶に比べてカテキンが10倍も……

通販番組の映像制作を通じ、意図的に演出して視聴者に好印象を与えることができるか否か、の実験をした人がいます。目的は「好印象を演出すると、広告効果が上がるのか」というもので、「インタビューに答える愛用者」、「解説ナレーションの声」、「知識を解説する専門家」の3要素について視聴者が好印象を持つように意図的に**演出**しました。その結果、過去の通販番組と比較して1.4倍も売り上げが伸びたそうです。同じことが営業マンにも考えられます。話をするときの声のトーンや語尾、目線などを意図的に演出することで、顧客に好印象を与え、自らの売り上げを伸ばしていくことも可能になってくるでしょう。

好印象を与える「声量」と「語尾」とは

自社の商品やサービスを顧客に売るのに欠かせない営業トーク。実際に商談する前に自分の声量と語尾を見直してみませんか？

「**営業トーク**」のノウハウ以前に、基本的な**声量**や**語尾**に注意する必要があります。接客中に顧客から何度も聞き返されるような人は「声量のコントロールができていない」か「語尾をはっきり話さない」のどちらかだと考えられます。ボソボソと話をする営業マンと明瞭に話をする営業マンなら、後者が有利なのは言うまでもないでしょう。声が大き過ぎるのも相手に迷惑ですので、その場に応じた声量で話しましょう。背を向けている相手に振り向いてもらえるぐら

営業トークの好印象と悪印象

×語尾をはっきり話さない

×ボリュームをコントロールできない

悪印象

緊張のあまり声が小さくなり、発音もはっきりせず相手が聞き取れない。逆に、伝えようとするあまり声が大きくなってしまう。どちらも営業トークとしては問題があります。

いの声量が理想です。自分の声を相手に届けようと意識することが大切です。語尾ははっきりと分かりやすく発音する必要があります。早く話す必要はありません。相手のペースに合わせて、最後まではっきりと話すようにしてください。苦手な人は普段の会話から心掛けると自然と身に付きます。どんなにすばらしい内容の話だったとしても、語尾が不明瞭だったり、話し方が早過ぎて語尾をしっかり発音できなかったりすると、相手に悪い印象を与える可能性があるため、注意しましょう。

笑顔は伝染する

営業マンや販売員にとって笑顔は強い武器。自然な笑顔で顧客に接すれば、無意識のうちに相手も気分が良くなるでしょう。

あなたが顧客だったとしましょう。ぎこちない作り笑いしかできない営業マンや販売員より、笑顔が自然な人からモノを買いたくなるのではないでしょうか。コミュニケーションを取るうえで、心からの笑顔は強い武器となります。ある企業の販売員を調査した結果によると、売り上げが上位だった人たちは全員が「**デュシェンヌ・スマイル**（本物の笑顔）」で顧客に接し、反対に売り上げ下位だった人はぎこちない笑顔で顧客に接していた、という結果が明らかになりました。

笑顔による成績の差

日ごろから
大変お世話に
なっております

イツモ
アリガトウ
ゴザイマス

自然な笑顔

いびつな笑顔

笑顔によって
売り上げが左右される

顧客にとって営業マンや販売員のセールストークよりも、笑顔が最終的な購入の決め手になっているといえそうです。これは「心からの笑顔を見たあとは商品がより良く見える効果」と「笑顔の人を見ると気分が良くなる効果」が関係していると考えからです。人間には、笑顔を見ると、ドーパミンやエンドルフィンなどの神経伝達物質が分泌される機能が備わっていますが、そのドーパミンやエンドルフィンは「幸福物質」と呼ばれ、分泌されると自然に気分が良くなるのです。つまり、心からの笑顔で接客することができる人は、笑顔を伝染させ、顧客の気分を良くして売り上げにつなげているといえそうです。

なぜ笑顔が重要なのか？

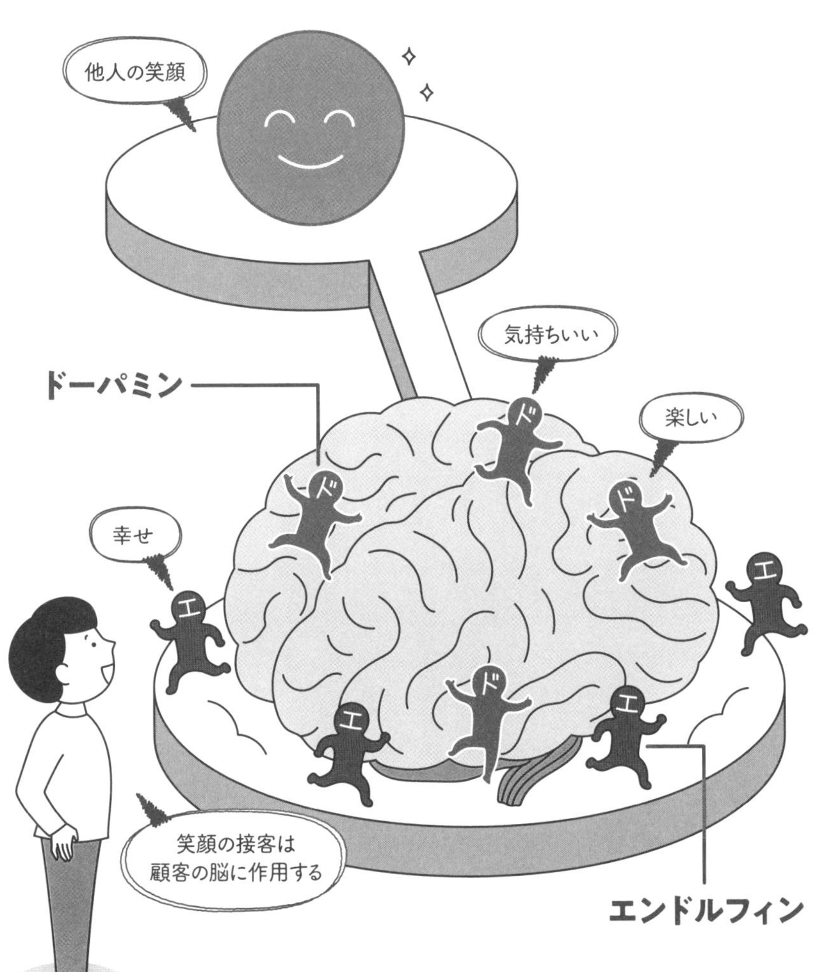

「目線」を自在に操れば印象が良くなる

話し方をマスターしたら視線にも注目しましょう。不自然にならず悪印象を与えない視線の動かし方を身に付けてください。

商談のときは**目線**にも注意する必要があります。基本は「顔の向きと目線を一致させること」です。一対一の商談の場合はあまり意識しなくても、自然と顧客の顔に目線がいきますが、問題は商談相手が複数だったとき。例えば自動車のセールスマンが夫婦を相手に商談するときは、どこに目線を向ければいいのでしょうか。キーマンに顔を向けて、キーマン以外の人と話すときに目線だけ向ける人がいますが、これはNG。顔の向きと目線は常にイコールだと心得て

×チラ見

ずっと資料に目を落とし、伏し目がちになりながらセールストークをしていると、相手にネガティブな印象を与えてしまいます。資料は必要なときに適度に見るようにしましょう。

この商品のウリは……

印象悪いな

どっちを見てるんだろ?

おきましょう。目線を動かすときは左右だけでなく、上下にも注意してください。新車の商談をしていれば、手元の見積書に目を落としながら話したほうが分かりやすいことがあるかもしれませんが、これも人によっては悪印象を与えてしまいます。見積書などを見る必要があったら、いちど目線を下に落とし、顧客と話すときは改めて**顧客の顔を見ながら話す**ようにしてください。ただ、顧客の顔を凝視して話すのも不自然です。人によっては長時間他人と目線を合わせるのが苦手、という人もいます。顧客から何かを尋ねられたとき、思い出すように目線を斜め上に向けることがあるかもしれませんが、これは自然な仕草なので許容されます。

05 顔は口ほどにモノを言う

人の第一印象は言葉よりも表情で決まるものです。トレーニングを積んで、自然な表情を作れるように訓練しましょう。

「**営業スマイル**」という言葉があるとおり、営業マンや販売員というと、まず思い浮かぶのが「笑顔」でしょう。いつも笑顔を絶やさない営業マンや販売員は、確かに顧客から好印象を持たれる傾向があります。ただ、どんなときでも「作ったような笑顔」をしている人は逆に「この人、好印象を与えるために表情を作っていないか？」と疑われて悪印象につながりかねません。どんなときでも、**自然な表情**で接することが、商談相手に好印象を与える基本となってきます。

営業スマイルの作り方

×不自然な笑い

「張り付いたような笑顔」という慣用表現がありますが、あからさまに不自然な笑顔は相手に不信感を植え付けます。このような笑顔は映画のホラー演出にも使われるほどです。

○自然な表情

感情と表情が一致していると、相手はそれを自然に受け入れることができます。また表情が自然だと相手との間に信頼感が醸成されるので、商談などでは不可欠といえます。

それでは「**自然な表情**」とはどんな表情を指すのでしょうか。一言で言えば「感情を素直に表情に出すようにする」です。驚いたときはびっくりした表情、困ったときは困惑した表情、うれしいときは喜んでいる表情をストレートに出すのです。感情が素直に表情に出る人は、「正直な人だな」と好印象に受け取られることが多いのです。「それは普通のことではないか？」と思う人がいるかもしれませんが、日本人の多くは「感情を表情に出す」ことが苦手。特に大人になるにつれ、冷静になって表情が減っていく人も多いのです。鏡の前でうれしいときや残念な顔を作って、自然な表情を出せるようにトレーニングしましょう。特に笑顔の練習は大切です。

◯表情の練習

表情を作るのが苦手な人は、鏡の前で練習しましょう。日本人は表に感情を出さない傾向が強いので、必要な場面で表情を出せるようにトレーニングを積むことが重要です。

心地良い距離感で印象もアップ

顧客とは物理的に適切な距離を取るようにしましょう。熱心に説明するあまり、近寄り過ぎると不快感を与えてしまいます。

営業マンや販売員が顧客に好印象を与えるコツとして、物理的な身体距離の取り方も挙げられます。もし、あなたがホームセンターなどに行って陳列されている商品について販売員に尋ねたとき、顔を近付け、至近距離で話をされたらどう思いますか。丁寧で仕事に一生懸命なのは理解しても、少なからず不快になるのではないでしょうか。そうなると、もう距離のことばかりが気になるようになって、販売員がいくら熱心に説明しても聞こえなくなってしまいます。こう

顧客との適切な距離

した適切な距離のことを心理学では「**パーソナルスペース**」と呼びます。個人的なスペースですので、営業マンがそこに立ち入るのは禁物。では、パーソナルスペースを保つうえではどれくらいの距離が適切なのでしょうか。目安としてはお互いが対面した場合、互いに両腕をいっぱいに伸ばして相手に触れない程度の距離なら、相手を不快にさせないとされています。初対面のときは名刺交換をしますが、名刺を手渡すために一時的に近付いたとしても、名刺を交換したら適切な距離を保つことが大切になります。もし資料を見ながら説明するような場合は、横向きに近付くと相手の抵抗感が和らぐことが知られています。

パーソナルスペースの測り方

言葉と態度がちぐはぐだと印象ダウン

人は表情からさまざまな感情を読み取ることができます。言葉と態度がちぐはぐだと不信感を与えやすくなってしまいます。

「**ダブルバインド**」という言葉をご存知でしょうか。「伝えている言葉の内容」と「言葉を話している態度」が相反している状態を指します。例えば商談中、お互いに誤解があったとしましょう。それが解決して交渉を再開させるような場合、相手が口では「もう怒ってないから大丈夫ですよ」と言いながら、ムッとした表情のままだったらどう思うでしょうか。「口では謝りながら、内心まだ怒っているのではないか」と不安になる人がほとんどではないかと思います。

ダブルバインドのデメリットと解決法

表情と言葉の**矛盾**を感じることができるのは、表情からその人の感情を読み取れることを意味します。私たちは人と接するとき、言葉とは別に表情からさまざまな感情を読み取っているのです。セミナーなどでこのことを指摘されると、多くの営業マンは「私は表情から感情が分かるようなミスはしない」と答えますが、本当でしょうか。「これもっと安くならない？」と顧客から値引きを要求されたとき「いやいや、これ以上安くするのは勘弁してください」と言いながら、苦笑を浮かべたりしていないでしょうか。人間はとっさに湧き上がった感情を抑えるのが苦手ですので、日ごろから意識しておくことが肝心です。

表情と感情の一致

感情と表情・発言が一致していないと、相手はストレートに感情をぶつけられる以上に違和感を感じます。逆に感情と表情が一致していると、自然にそれを受け入れられます。

営業マンは「話し方」より「合意の取り方」を覚えろ！

商品説明などの前段階として、話を聞いてもらう合意を取る必要があります。顧客に納得してもらったうえで話をしてください。

営業マンがいくら営業トークを磨いても、顧客に話を聞いてもらわなければなりません。目的はあくまでも顧客に買ってもらうことですが、いきなりアピールをスタートしてはいけません。その前に商品説明をしていいか**合意**を取る必要があるからです。セールスの最初は、まず「あいさつ」から始まります。次に、雑談を少しして、その次に合意を取ります。例えば「当社の新製品について、

合意から商品説明までの流れ

ご説明をさせていただいてもよろしいでしょうか」と話を振って合意が取れたら、そこからようやく営業トークのスキルを始めるのです。商品説明などの合意を取る際、顧客から渋々の合意ではなく、納得したうえでの明確な合意を目指すようにしましょう。顧客が知りたい話と営業マンが提供したい話が一致するので会話が一方通行にならずに済みます。また、営業に慣れないうちは商品説明に進んでも、「ご予算についておうかがいしてもよろしいでしょうか」「これだけは譲れないという条件をうかがってもよろしいでしょうか」など細かく合意を取りながら話を進めていくのがベター。顧客との認識の相違を防ぐことができます。

ファースト・マジック・クエスチョンで心をつかむ

顧客との対話は営業マンや販売員の生命線。ちょっとした技術で本心をつかめば、売り上げがアップすることもあります。

顧客とのコミュニケーションは、商品やサービスを売ることができるか否かを分ける大事な時間です。どんな顧客でも自分の要望に沿ったものが欲しいと思っているのは言うまでもありません。その要望に沿ったものを提案すれば、購入に結びつきやすくなります。そのためには、まず顧客がどんなものを望んでいるのかを聞き出し、本心をつかんでください。この手法を覚えるだけで、売り上げが劇的にアップすることもあるので身に付けて実践してみましょう。

ファースト・マジック・クエスチョンの3ステップ

ステップ1 顧客の要望をつかむ

中古車販売店で、接客がスタートしました。あいさつ、雑談などが終わり、いよいよ顧客の要望をヒアリングし始めます。

セールストークの一つに「**ファースト・マジック・クエスチョン**」という技術があります。顧客は自分が欲しいものを正確に把握していないことがほとんど。家電量販店の客は、新たな家電を求めていますが、何が欲しいのかは、具体的に分かっていません。そこでまずは顧客の要望に「○○ということですが、今の××に何かお悩み（不満）でもおありですか？」と質問を投げ掛けましょう。顧客からすれば「実は××は△△の使い勝手が悪くてね……」と答えやすくなります。そうすれば、顧客が本当に求めている要望をつかみやすくなり、どんなものを提案すれば購入に結び付くかも見えてくるのではないでしょうか。

ステップ2
さらに掘り下げて質問する

顧客が答えてくれたら見込み度は高いです。次には、その答えをさらに掘り下げて、顧客のニーズや好みなどを聞き出します。そうすることで、より的確な商品提案ができるからです。

ステップ3
ヒアリングした情報を整理する

十分にヒアリングをしたら、得られた情報を整理して顧客に確認。その段階でひとまず承諾が得られれば、提案へと進みます。

10 顧客の要望を掘り下げるマインドキークエスチョン

顧客の要望はより詳しく聞ければ、それに越したことはありません。2つの質問でさらに踏み込んだ話が可能になります。

ファースト・マジック・クエスチョンで顧客の要望を聞き出すことに成功したら、もう少し踏み込んで顧客の本心を聞き出す必要があります。2段階目として「**マインドキークエスチョン**」を学びましょう。家電量販店を訪れた顧客が掃除機の買い替えを考えていたとします。その顧客は知人にすすめられ、目当ての新機能を見付けました。その人は本当にその新機能を備えた機種なら満足なのでしょうか。それともほかにも要望があるのかを掘り下げて聞いていきます。

2段階のマインドキークエスチョン

1 顧客の言葉を具体的にする

顧客は欲しいもののイメージはあるものの、具体的な像が結ばれていないことが多いです。そこで、質問によって、顧客の要望を具体化していくことによって成約に結び付けます。

「マインドキークエスチョン」は次の2つを指します。1、顧客が語る言葉のあいまいな表現を具体的にする質問。2、根拠を聞き出す質問。1では「もう少し使い勝手がいい掃除機が欲しい」という顧客の表現に対して「例えば？」とか「具体的に言うと？」などと詳しく要望を聞き出します。2では「○○（機種名）では××過ぎるのですか？」という質問を投げ掛け、さらに**顧客の本心**を探ります。「○○（機種名）ではサイズが大き過ぎるのですか？」と聞けば、顧客が望む掃除機のサイズは明らかになるでしょう。適切なタイミングで2種類のマインドキークエスチョンをするだけで、より深い話をすることが可能になります。

分かりやすく説明する たった2つの技術

顧客に説明するときは、専門用語を連発するなど分かりにくい話はご法度。相手の目線に立って話をするようにしましょう。

顧客に商品やサービスの説明をするときは、2つの技術を用いるだけで分かりやすく話をすることができます。まず心掛けてほしいのが「**相手のリソース**で話をすること」。できる限り、簡単に説明することが大切です。少し失礼な表現かもしれませんが、顧客が中学生ぐらいの年齢だと思って対応したほうがいいのです。顧客は売ろうとしている商品やサービスの専門家ではありません。専門用語を使わず、分かりやすい説明をすることが必要になってきます。

相手のリソースで話をする

顧客のレベルに合わせる

普段からセールストークをしていると専門知識が身に付いて、ついつい専門用語で話しがちになります。しかし顧客は素人の場合がほとんど。相手に分かりやすい言葉選びが重要です。

もう一つの技術として「**一意性**を厳守すること」が挙げられるでしょう。顧客に理解されにくい説明をする人に共通しているのが「一意性を考えない説明」であることが多いのです。「マヨネーズの付いたエビとカニ、どちらが食べたいですか」と聞かれた場合、「エビにもカニにもマヨネーズが付いているの？　それともエビだけにしか付いていないの？」と迷ってしまうのではないでしょうか。ここは「エビにもカニにもマヨネーズが付いていますが、どちらにしますか」と、分かりやすく説明するほうが顧客は理解しやすくなります。ちょっとした気遣いですが、こうしたことの積み重ねが大きな成功に結び付くのです。

一意性を守った話をする

話題をブレさせない

ファストフード店の場合、ハンバーガーを注文しようとしている客に、ホットドッグをすすめたら顧客は混乱します。ハンバーガーなら、それとセットになるメニューをすすめれば成約の確率が上がります。

要望は必ず最後に確認し直す

顧客との商談が順調に進み、成約が見えたときに忘れてはいけないのが最終確認。安心して成約するためにも欠かせません。

顧客にも納得してもらい、双方が**合意**に達したらいよいよ成約です。最後のステップとして、これまでに聞き出した顧客の**要望**を確認しましょう。特別なことは必要なく、これまでに顧客から聞き出した要望のメモを読み上げるだけで大丈夫です。たいした意味のないステップのように見えるかもしれませんが、言葉でお互いの理解を共有することで、売り手は「これで間違いない」と自信を持ち、買い手側も「伝えたいことは伝わった」と安心することができるのです。

成約後の重要なステップ

ステップ1 顧客の要望を再度確認する

仕事の電話などでも重要な事項は「復唱します」など、確認を取ることは大事ですが、それはどんな局面でも一緒です。成約後の内容に間違いがないか、ちゃんと確認を取るようにします。

成約前のステップでは、念押しも忘れないようにしましょう。顧客が本当にすべての要望を話しきれたかどうかを**確認**する最終行程になります。これも難しいテクニックは必要ありません。顧客の同意が取れたのちに「本当にこれで確かですね？」というフレーズを入れるのです。心理学では「**疑惑の導入**」と呼ばれる心理アプローチで、このフレーズを言われた顧客は「えっ、本当に大丈夫かな？」と自問自答します。そのため、まだ何か言い残しているときは「はい、これで結構です」と即答することができなくなってしまうのです。もしも、ほかにも要望があるとしたら、根気よく聞いて成約までこぎ着けるようにしましょう。

ステップ2
念押しも忘れないように

商品に誤りがないか、金額面に問題はないかなど、成約後も最後に念押しをしましょう。顧客にも「大丈夫かな？」と思ってもらい、漏れや誤りがないように成立させることが重要です。

KEY WORD → ☑ 顧客の意思決定、クロージングトーク

最強のクロージングは沈黙

成約の最終段階になってどうしても条件が折り合わない。そんなときは沈黙することで良い結果に結び付くかもしれません。

成約の瞬間が最も重要になります。これまでのヒアリングで顧客の要望は分かっていますが、最後の最後で要望を満たすことができずに契約できない可能性もあるからです。例えば顧客の要望が3つあるとしたら、その2つまでは満たすことができますが、最後の条件だけはどうしても満たすことができないような場合です。値引き交渉など、その典型かもしれません。営業マンも商売ですから、値引き要求が大きな場合はどうしても応えることができないのです。

クロージングの2ステップ

ステップ1 無理な要求には応じない

いくら顧客の要望とはいえ、ベースはビジネスです。採算に合わないような無理な要求には、応える必要はありません。もちろん粘り強い交渉は必要ですが、最低ラインは守りましょう。

これ以上の値下げは本当にできないんです。申し訳ございません

もっと安くならないの！

値引き交渉などで最後の最後になって顧客との条件が折り合わない場合、営業マンや販売員はどうすればいいのでしょうか。方法は一つ。「顧客が全面的に営業マンの条件に合わせるのを待つ」です。譲れない線を妥協して、どうにか売ろうとする気持ちは分かるのですが、顧客の要望を全面的にのんでしまうと顧客から「無理を言っても通じる営業マン」と思われてしまい、これまで築いてきた関係が水の泡になってしまう可能性があります。そこですべての説明が終わったら「いかがされますか？」と顧客に投げ掛け、何も言わずに**顧客の意思決定**を待つのです。これが世界で最も強い無言の**クロージングトーク**です。

「聞き過ぎ」は何も生み出さない

顧客の要望は聞き過ぎず、察することが肝心です。少しの親切心で大きな信頼を得られ、成功につながる可能性が高まります。

商談するうえで顧客の要望を**ヒアリング**することはとても大切ですが、何でもかんでも聞けばいい、ということではありません。聞かなくても**真の要望**を察知して応えることが一流の営業マンや販売員への近道といえるのではないでしょうか。ホームセンターを訪れた顧客が電動工具と木材の売り場を尋ねたとします。そんなとき、「この客はDYIをするのだな」と察して「あらかじめ穴の空いた木材もあります」とすすめると顧客からの信頼を得られやすくなります。

聞き過ぎない顧客サービス

ステップ1 顧客の要望を察知する

顧客の行動から先読みして要望に応えることができれば、「この人は信頼できる」「仕事ができる人」という印象を与えることができ、強い信頼を得ることができます。

家電量販店にスマートフォンを買いに行ったとします。気に入ったモデルを買ったものの、その翌週にはより新機能が追加され、価格も安いニューモデルが出ていたとしたらどう思いますか。スマートフォンは日進月歩で、どんどん便利な新製品が登場していますので、このようなことはあり得ること。「先週、言ってくれれば1週間待ったのに……」と悔しい思いをするのではないでしょうか。満足度の低い消費をしてしまうと、そのお店に対する悪印象を持ち「あそこでは二度とモノを買わない」と別の店に行くようになるかもしれません。その人が友人や知人に言い振らせば、多くの顧客の信頼がなくなる可能性もあります。

ステップ2
少しの親切心が信頼を生む

製品に関する新情報などを提供してくれる営業マンや販売員は、顧客にとっては大きなメリットを与えてくれる人物です。そののちの継続的な付き合いをするに足る人物になります。

人の買い物には パターンがある

人がモノを買うときは必ず過去の購入パターンを踏襲します。購入パターンを見抜くことで、効率的に売ることができます。

営業マンが参考にすべきことに「**類似ビジネス**から得られるヒント」があります。次の5つの項目を使って、類似のビジネスから成功事例のヒントを探します。「1、顧客は個人か法人か。2、商品、サービスの購入頻度は？　3、価格帯はいくらぐらいか？　4、購入動機は何か？　5、購入に関わるリスクは何があるか？」。例えば、子ども部屋のリフォームを契約したい営業マンを例に考えてみましょう。1.顧客は両親（主に母親）　2.購入頻度は一生に1回　3.価格帯は

購入パターンを知るためのチェックポイント

子供部屋を
リニューアル

一生に一度の
大出費!

いくら
かかるの?

❶個人か法人か

❷購入頻度

❸価格帯

100万円近くいく場合もある　4.購入動機は子どものため　5.リスクは粗悪工事、割高」。これと類似したビジネスは何かと考えてみるのです。子どものために、購入頻度は低く、合計100万円近くの出費をして、失敗したら嫌な買い物は何でしょうか？ 例えば、「学習塾」なども同じかもしれません。だとすると「学習塾の探し方、比べ方」と「子ども部屋リフォーム業者の探し方、比べ方」が似ている可能性も高いのです。つまり、学習塾のセールストークの成功例を探してみると、住宅リフォーム会社の営業に約立つヒントが得られるのです。

KEY WORD → ☑ 人間の聴力

聞きたいことだけ聞き取る能力

気になることは会話の中から無意識のうちに聞き取るもの。聞こえないつもりでも顧客の耳には届いているかもしれません。

人間の聴力というのは不思議なもので、雑踏の中から特定人物の声だけを聞き分けたり、2台のラジオを前に聞きたいほうの音声だけを聞き取ることができるような機能を備えています。しかし、最新の補聴器でも音を聞き分け、特定の音声だけを聞くことは不可能。つまり人間の耳には「機械ではできない必要な音だけをキャッチして判別できる」という特殊な能力が備わっています。知りたいこと、聞きたいことは無意識のうちに耳に入るようになっているのです。

聞きたいことだけ聞く能力

商談の最中なら、顧客はいくらくらい値引きしてくれるのか、どんなサービスをしてくれるのかなど、気になることがたくさんあります。例えばある家でリフォーム会社の営業マンと職人が、現地調査をしながら費用について話し合っていたとします。施主は家の中にいるため、外の会話が耳に入らないはず。ところが、聞こえてないはずの話が聞こえていることがあるのです。こうした現象は特に工事現場では少なからずあるようで、思わぬ受注につながることがあります。一流の営業マンになるためには、顧客は気になることを無意識のうちに聞き取っていることもある、という事実を十分に意識する必要があります。

顧客は思わぬことを聞いている

物語の奥に秘められた意図とは

懐かしの童話や子どものころに聞いた言い伝えを覚えている方。そこに秘められたメッセージはビジネスの場面でも使えます。

「あの池には河童が住んでいるから近付いてはいけない」「あの森には鬼が住んでいるから、子どもだけで行ってはいけない」といった大人からの注意を聞いた**記憶**がある人は多いのではないでしょうか。私たちは幼少期に童話や言い伝えを通じてさまざまな「**刷り込み**」を受けたといえそうです。その「物語による刷り込み」はビジネス面でも活用することができるのです。心身ともに疲労困憊の社長がいたとします。この社長に「頂上に立つ木は、一番上に立つだけに

童話に込められた教訓

桃太郎

桃から生まれた桃太郎が、鬼退治に出掛ける道中で知り合った犬・猿・キジとともに、目的を果たした。

教訓：チームが大事

イノシシとキツネ

牙を研いでいるイノシシがキツネに「なぜ必要ないのに牙を研ぐのか」と問われ、「必要なときには牙を研ぐ暇がない」と答えた。

教訓：備えあれば憂いなし

風当たりが強くなるものですよ」と声を掛ければ、社長は「頂上に立つ木」を自分に置き換えて「風当たりが強いのは仕方がない。自分で選んだ道だから頑張ろう」と共感してくれるかもしれません。注意深く探してみると、例え話というのは、ビジネスの現場で共感をもたらすために、よく使われているのが分かります。懐かしの童話や子どものころに聞いた言い伝えを覚えている方。そこに秘められたメッセージはビジネスの場面でも使えます。

北風と太陽

北風と太陽が旅人の服を脱がせようと競った。北風が吹き付けても効果がなく、太陽が照らすと旅人は服を脱いだ。

教訓：優しくするのも手

ウサギと亀

ウサギと亀が足の速さを競った。油断したウサギが寝ている間に、亀はウサギを追い越しゴールした。

教訓：調子に乗るな

ヘンゼルとグレーテル

両親に捨てられたヘンゼルとグレーテルが、森を歩いているとお菓子でできた家を見付けるが、それは魔女の罠(わな)だった。

教訓：疑うことも大事

KEY WORD → アルバート・メラビアン、メラビアンの法則

人は相手の見た目に騙される

「人を見た目で判断してはいけない」と教わった人も多いと思いますが、実際には見た目で判断する傾向があるようです。

テレビの通販番組で、商品の開発担当者や技術者、専門家などが白衣を着て出てくる場面を見たことはありませんか。これは白衣を着ている人を登場させることによって、印象操作をしているのです。例えば健康グッズなどを紹介する番組では、白衣を着た専門家に効能を解説させることで、より健康効果があるように演出しています。「騙す」というと語弊があるかもしれませんが、見た目で購入の検討をするか否か、の判断をさせていることは間違いなさそうです。

顧客が見た目に左右される2つの根拠

見た目の印象操作

テレビの通販番組などで「○○を10万個売ったセールスマン」などと呼ばれる営業マンが登場しますが、視聴者にそのイメージが定着すると実際に売り上げに影響が出ます。

1971年にカリフォルニア大学の心理学者、**アルバート・メラビアン**が提唱した「**メラビアンの法則**」によると、コミュニケーションを取る際に相手に伝わる感情の度合いは、話の内容自体が7%、声の大きさやトーンに関するものが38%、そして見た目が55%を占めるといわれています。この法則に基づくと、話をしているときに感情が最も相手に伝わるのは、話の内容よりも見た目のほうが強いといえそうです。表情や、丁寧な礼儀正しいお辞儀などは、自分が伝えたい気持ちをストレートに伝えてくれる最善の方法といえます。

用心深い消費者にモノを売るコツ

用心深い消費者に商品を売るためには、まず自分をさらけ出して信頼を獲得し、相手に心を開いてもらわなければなりません。

さまざまな営業マンの売り込み手法が出現するにつれ、消費者側も知識を付けて売り込みに対して用心深くなることが増えています。もちろん、なかには悪どいやり方でモノを売り付ける営業マンもいるので、消費者が用心深くなるのは仕方がない部分はあります。そんな**警戒心**を持っている消費者に好印象を持ってもらうコツを紹介しましょう。「人の信頼を獲得するためのプログラム」です。話す内容によって、聞いている人が相手に抱く**印象を操作**する手法にな

人の信頼を獲得するためのプログラム

はい、100万円

ありがとうございます

嘘でしょ!?

なぜBさんはAさんからお金を借りることができたのか?

同郷、苦労話、将来の夢など、相手の共感や信頼を得るための話題を駆使することで出資させる話術があります。スポンサーを募るときなどは、これらの話術を持った人物には出資が集まります。

ります。AさんがBさんにお金を貸しました。AさんとBさんは赤の他人です。AさんはBさんと知り合って、まだ日が浅いにもかかわらず「信用できる」と判断し、お金を貸したのです。なぜ信用できると判断したのでしょうか。BさんはAさんにさまざまな身の上話をしました。「東北出身で18歳のときに上京、郷里の幼なじみを今でも大切にしている、両親に今も仕送りをしている」など。Bさんは自分の印象が良くなるような体験談をエピソードとして、Aさんの記憶に残るよう、上手に伝えたのです。人間は好印象につながる具体的なエピソードを聞かされるとイメージを描きやすく、信頼獲得につながりやすいといわれています。

共感を得る話術

共感を得るときには、相手がイメージしやすいように具体的なエピソードを語ることが重要です。抽象的な話だと「ほら吹き」「夢を見ているだけの人物」といった評価をされます。

小出しにしたほうが売れる理由

営業マンは商品やサービスを売るのが仕事です。焦らず、少しずつでも売っていく姿勢がより多くの売り上げにつながります。

例えば、テーラーでスーツを新調した顧客に、ワイシャツやネクタイと、あれもこれも買わせて**客単価**をアップしようとし過ぎると「いや、今日はいらないよ」と顧客から「ノー」と言われてしまうのです。「スーツを買ったのだから、ワイシャツやネクタイも必要だろう」と思っても、顧客からしたら、高い買い物をした直後に、いきなりあれこれすすめられたら「適当に売り付けようとしているのでは？」と疑念を抱いてしまうでしょう。最初から欲張らず、少しずつ**小**

セールスの良い例・悪い例

×欲をかき過ぎる

何かを購入してくれたからといって、その顧客は財布の紐が緩んでいるとは限りません。過度に売り込むと、せっかくの購買意欲を削いでしまうかもしれないので注意しましょう。

出しにすることが求められます。「ほかのアイテムを売りたい」と思ったとしても、スーツを一着作ってもらったのですから、あまりガツガツせずにひとまずはよしとしましょう。「ワイシャツやネクタイもそろっていますので、お客様に似合いそうな商品を、いくつかご紹介したいのですが、構いませんか？」と声を掛けて、顧客の反応を見るのも良いでしょう。営業マンは商品やサービスを売るのが仕事です。焦らず、少しずつでも売っていく姿勢がより多くの売り上げにつながります。

◎次の機会に期待する

大切なのは相手の要望に沿ってそれに応えることです。そうすれば、「次もまたこの店で買おう」と、息の長い付き合いに発展するかもしれません。継続的に付き合える関係を目指しましょう。

KEY WORD → ☑ 値ごろ感、価格帯、業界価格帯

21 多少の差を判別できる客はいない

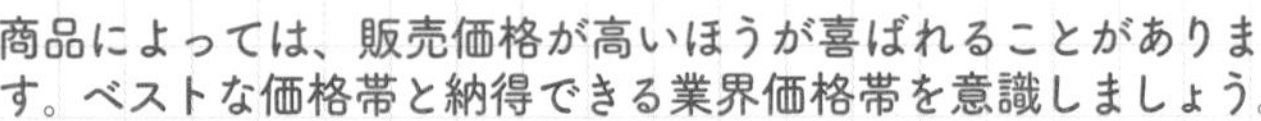

商品によっては、販売価格が高いほうが喜ばれることがあります。ベストな価格帯と納得できる業界価格帯を意識しましょう。

世の中には、高いほうが顧客に喜ばれ、売れる商品もあります。例えば、宝石はその代表でしょう。ダイヤモンドなど、高額なほど魅力的だと理解されます。しかし、同じダイヤモンドであっても、品質やグレードに応じた「相場価格」や「**値ごろ感**」というのが存在しています。ウナギの蒲焼きでも、野菜でも、一杯のコーヒーでも、「相場の**価格帯**」や「値ごろ感」というものがあるのです。営業をするにあたっては、このような「自分の業界における商品・サービスの

顧客の審美眼

価値と値段は無関係

人々が求めるのは、日常品や食料といった実利的なモノばかりとは限りません。音楽や小説、映画など、興味のない人には無価値であっても、人によって大金を払う価値があるものは存在します。

200カラットの
ダイヤでございます！

分子レベルでは
木炭と同じだけど……

相場価格帯」や「ライバル他社の価格帯」など、値ごろ感につながる情報をできるだけ入手しておくことは重要です。八百屋さんの店頭で、「地元産の無農薬ピーマンなら、5つで300円が相場だよ。この辺のスーパーで安いところでも無農薬なら250円だろうから、今日のうちのピーマンは特別安いよ」と宣伝していたら、きっとたくさん売れるに違いありません。商品によっては、高い販売価格が喜ばれることがあります。ベストな価格帯と納得できる**業界価格帯**を意識しましょう。

「値ごろ感」が重要

食品や洗剤といった日々消費される商品の場合、重要になるのは値段に対する納得度になります。競合する商品との比較などによって、顧客の納得度合が変わります。

売値は平均の1.3倍が適正!?

商品価格を決めるとき、平均よりも高くして付加価値を付けることがあります。その場合は平均価格の1.3倍以上が鉄則です。

地域によっては平均価格が上下しますが、いずれにしろ、競合他社の商品と差別化を図る場合は、ライバルよりも値段を高くして**希少価値**を出すか、安くしてお得感を出すことが営業戦略上、必要不可欠になってきます。あるコーヒー豆の平均価格（値ごろ感のある価格帯）が1000円だったとしましょう。「価格競争をしても、ライバルに対して勝ち目はない。競合他社よりも価格を高くして、プレミアム感を出すことで付加価値を付けよう」という戦略を立てたなら、

競合との価格差の付け方

ウチはロット数を減らして価格を上げるか

うーん…

NEW!

新製品

販売価格で差別化

競合する商品や業界の相場感を大きく壊すような低価格は、それだけで差別化を図ることができます。逆もまた然りで、例えば「1個1000円の石鹸」なども有効かもしれません。

平均価格の1.3倍に価格設定しましょう。1000円×1.3倍なので1300円。このときにありがちな間違いとして「あまり高過ぎも売れないから1200円ぐらいかな」と設定してしまうことです。これは失敗する確率が高いのです。1000円の商品との違いをしっかり認識させたい場合、1.3倍の差が必要だからです。その反対に、定価2000円のモノを1.3で割ると1538円ですが、値引きをして一気に売りたいのなら、定価2000円の商品は、1500円を下回らないと強い割安感を感じてもらえない可能性が高いということでもあります。この1.3という数字は覚えておくと便利です。

column No. 05

実践の前にイメージしてみる

実際に商談に入る前にイメージトレーニングをすることがおすすめです。トレーニングを積んでリラックスした状態で商談に入ると、自然と言葉が発せられるようになるでしょう。

イメージトレーニングは移動中の電車内や車の中で行うのがベスト。商談を行う場所やその日の天気、商談を行う場所の匂い、椅子の硬さはどうかなど五感を使って具体的にイメージするのです。商談の様子が目の前で三次元のビデオが再生されているようにイメージできるようになると理想的。もちろん最初のうちは、すべてのプロセスをイメージするのは難しいかもしれません。その場合は最初のトーク部分だけをイメージするだけでも違います。時間にして数分ですが、これを繰り返すだけでも営業の極意の多くを学ぶことができるでしょう。

イメージトレーニングが日常的にできるようになると、ほかのことにも活用できるようになります。

chapter 5

リモート営業の基本と極意をいち早く身に付ける

コロナで世の中はガラッと変わり、
営業もリモートで行う時代に。
知らないままでいると差が付く、
新時代の営業スキルを学びましょう

01 リモート営業と対人営業の違い

コロナ禍で思うような訪問営業ができないかもしれませんが、リモート営業の利用でより効率的な営業活動ができる可能性も。

2020年の新型コロナウイルス感染拡大は、営業マンの仕事のやり方を根本から変えたといっていいでしょう。これまでなら、気軽に訪問できましたが、コロナ禍の現在は訪問しにくいのが現実です。そこで登場したのが電話・メール・ビデオ会議ツールなどを駆使した**リモート営業**という手法です。一見すると対面営業に及ばないのではないか、と思う人がいるかもしれません。しかし、やり方次第でリモートのほうが効率良く売り上げに直結できる可能性があります。

パンデミック以降の営業スタイル

従来：対面の飛び込み営業

ひと昔前なら、「営業は足で稼ぐ」といわれましたが、コロナ禍の現在では推奨されたものではありません。しかし、コロナ慣れが進むにつれ、対面式の営業に戻る企業が増えているのも現状です。

いつまで続くか分からないコロナ禍。どの企業もリモート営業を取り入れざるを得ない状況にあるかもしれません。「営業マンが外に出ないでどうする？」という意見も聞こえてきそうですが、実は営業という職種はリモートワークととても相性が良いのです。まず、時間の短縮化が挙げられます。従来は営業先への移動時間がかかりましたが、リモート営業なら大幅な時間の短縮化が可能。もちろん、交通費などもかかりません。また、対面営業だと**上座・下座**といったマナーがあり、どうしても序列ができてしまいますが、リモート営業ならそうした上下の空気感も薄れ、より対等な関係を築くことができるでしょう。

これから：リモート営業

コロナの感染防止として始まったリモートスタイルの営業ですが、足で稼ぐ営業よりも多くの企業とのアポイントがこなせるだけでなく、交通費の削減など多くのメリットがあります。

KEY WORD → ☑ Zoom、Google Meet

リモート営業で用いるコミュニケーションツール

オンライン会議システムは、使い方に注意する必要があります。適切に使用し、効率の良いリモート営業を実施しましょう。

コロナ禍が始まって以来、「**Zoom**」、「**Google Meet**」などのオンライン会議システムが急速に発達してきました。電話やメールと異なり、相手の顔を見ながら話をすることができるため、これらのツールは多くの企業で導入されていますが、上手に使わないと逆効果となることがあります。在宅勤務で商談に挑むときなど、環境に配慮する必要があります。特に小さな子どもや同居人がいるような場合は、商談の耳障りにならないよう周囲に気を使う必要があるでしょ

オンライン会議のメリット・デメリット

飲み会

これだけのメリットがある

会議

Web会議のメリット（遠隔地を同時につなげる、日程調整しやすい、記録を残しやすい）

打ち合わせ

取材

面接

う。多くのオンライン会議システムでは、バーチャル背景の設定ができます。部屋が散らかっている場合など、周囲の様子が隠せるのでとても便利なのですが、商談の内容によってはバーチャル背景を使うと相手に真意が伝わりにくくなってしまいます。バーチャル背景は人物以外のものを背景化するように作られています。そのため、例えば販売したいモノを見せながら商談を行う場合、肝心の商材がよく映らず、どんなものなのか相手が理解できないリスクがあります。相手に実物を見せる「ここ一番」のような商談のときは、バーチャル背景の使用を控えて落ちついた環境で相手にじっくりと説明するようにしましょう。

KEY WORD → ☑ Zoom、Google Meet、Calling、Microsoft Teams

03 押さえておきたいツールの基本的な使い方と注意点

オンライン会議ツールを使うのは難しいことではありません。多くの種類があるので用途に適したツールを選んでください。

オンライン会議ツールにはさまざまな種類があります。基本的な使い方はホストがURL（Webページの住所）を発行し、それを先方と共有し、時間になったらそのURLから入場。これだけで会議が行えます。オンラインツールを選ぶうえで重視するポイントは音声品質、使いやすさ、価格、機能、セキュリティの5つの機能に加え「安定した接続ができるか」「同時接続できるアカウント数」などがあります。これらを踏まえて最適なツールを選ぶようにしてくださ

オンライン会議ツールの特徴

Google Meet
同時100人接続

Zoom
抜群の回線の安定性
4人の接続

い。最もポピュラーなオンライン会議ツールは「**Zoom**」でしょう。複数人でのミーティングでも接続が安定していて、バーチャル背景機能も備えています。Zoomと並ぶのが「**Google Meet**」。100人以上の同時接続が可能で、Google社が運営しているため、高度なセキュリティが保証されています。さらに「**Calling**」も需要を伸ばしてきました。オンライン商談だけでなく、社内の業務コミュニケーションのほぼすべてをオンライン化することが可能。Microsoft社のOffice365のチームコラボレーションサービス「**Microsoft Teams**」は、最大1万人までの相手と同時にコミュニケーションを取ることができます。

リモート営業の極意はずばり「準備」である

リモート営業では訪問せずに顧客と商談できるメリットがありますが、そのための準備は対面営業以上に入念にしましょう。

商談を行ううえで、対面とリモートの最大の違いは言うまでもなく相手と直接接するか否か。顧客のもとに出向く必要がないだけに、リモート営業をするうえで事前の準備は最も大事になります。**リモート営業**はインターネット回線を介して行うのでまず、安定したインターネット環境は欠かせません。事務所や自宅にWi-Fi環境があれば問題ありませんが、出先の店舗などからリモート営業を行うときは必要に応じて**ポケットWi-Fi**を入手しておく必要があるでしょう。

リモート環境の整備

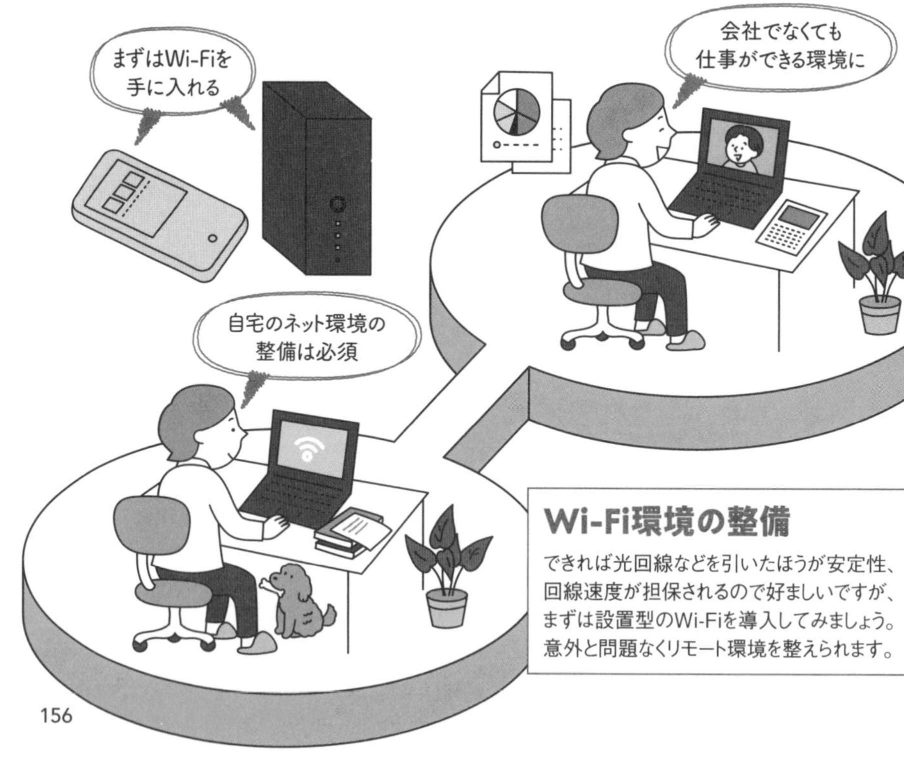

まずはWi-Fiを手に入れる

会社でなくても仕事ができる環境に

自宅のネット環境の整備は必須

Wi-Fi環境の整備

できれば光回線などを引いたほうが安定性、回線速度が担保されるので好ましいですが、まずは設置型のWi-Fiを導入してみましょう。意外と問題なくリモート環境を整えられます。

リモート営業には「商談時間を短縮できる」という大きなメリットがあります。短い時間の中で効率良く顧客にアプローチを行うためには、事前にプレゼンなどの営業資料を整理しておく必要があります。また、オンライン会議ツールによっては、相手とPDFなどのファイルを共有することもできるので、すぐに取り出せるように準備しておきましょう。さらに長めのプレゼンなどを行う場合は、状況次第でどのタイミングでどの資料を提示するか、事前のシミュレーションもしておく必要があるかもしれません。相手と対面しないからといって、準備を怠るのは禁物です。対面時以上に入念に準備すると心得ましょう。

資料の準備

リモート会議の利点の一つは、資料などの共有が容易であること。その利点を最大限に生かすためには事前に資料をPDF化して整理しておくなどの準備が不可欠です。

プレゼンのシミュレーション

対面の会議よりもライブ感に乏しいことが、リモート会議の劣る点です。その点をカバーして、相手に内容が伝わるように、事前にリハーサルをすることも有効な策です。

KEY WORD → ☑ 光回線、ポケットWi-Fi、Wi-Fiルーター

接続環境をどのように整えるのか

インターネット環境を整えるのが第一歩。さまざまなデバイスで使用可能ですが、パソコンから接続するのがベストでしょう。

さすがにインターネット環境が整っていないという職場は少ないと思います。また、ビジネスパーソンなら自宅にもインターネット環境は整っているでしょう。ただ、リモート営業に用いるツールは大きな通信量を消費するため、**光回線**が整っていない場合は、光回線を申し込むのがベターといえそうです。**ポケットWi-Fi**などでもリモート営業が行えなくはありませんが、通信容量が不足していると、音声と映像が合わないなどの不具合が発生する可能性があります。

自宅に光回線を引く

安定性と
回線速度を整える

自宅でも安定した
ネット環境は作れる

光回線

インターネット

光回線は通信が快適になるだけでなく、**Wi-Fiルーター**を使った無線接続も可能なので、リモート営業を行う人は整えておくべきでしょう。Zoomなどのオンライン会議ツールはパソコン以外でもタブレットやスマートフォンでも使うことができます。スマートフォンにも、オンライン会議ツールのアプリは用意されていますので、外出先でいきなりリモート営業になったときなどはスマートフォンから参加できます。ただ、やはりパソコンのほうが不具合なく商談ができるのは間違いのないところ。ノートパソコンであれば、最近のモデルはあらかじめマイクやビデオカメラが内蔵されているのでそろえる必要もありません。

複数の回線・端末を準備

06 カメラの映りに気を付ける

営業では第一印象が大切ですが、リモート営業ではカメラ映りこそ勝負です。細かな部分まで気を配るようにしてください。

対面営業なら「相手の顔を見て話す」など商談の基本的なルールはすでに定まっていますが、リモート営業となるとどこを見ればいいのか迷う人もいるかもしれません。オンライン会議ツールには、自分の顔も表示されます。基本的には、画面の中央にくるのがベスト。下からあおるような角度や相手を見下ろすような角度だったら、ノートパソコンを台に載せたり、デスクトップパソコンのカメラの角度を調節することで、画面中央にくるように固定してください。

自分の顔は中央に

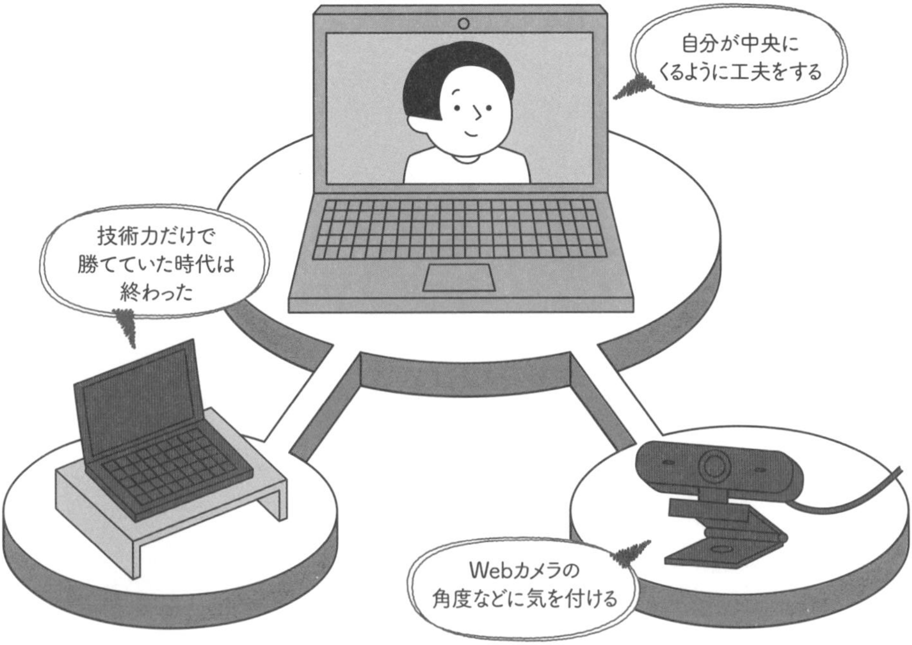

もし可能ならデスクの位置を動かすなどして、窓のそばに移動できると効果的。薄暗い場所で商談すると、自分の顔が分からず、悪印象を与える可能性もあります。デスクの移動が不可能なら、**デスクライト**を上手に使って自分の顔が明るく映るように工夫してください。さらにWeb会議システムによっては、映像補正機能が付いているものもあります。例えば「**Zoom**」には「**ビデオフィルタ機能**」が備わり、肌を明るく、きれいに見せることが可能になっています。また、キャノン社製のデジカメなら、ドライバを入れるとWebカメラになります。

明るい環境で行う

07 リモート営業における商談のペースとは？

リモート営業では認識の食い違いが起こりやすいのがデメリット。念入りに確認しながら商談を進めていく必要があります。

リモート営業では、自分のネット環境が整っていても、相手の環境で左右されることがあります。先方のネット回線や環境によっては会話に**タイムラグ**ができる可能性があるでしょう。そこでリモートで商談するときには、対面時以上に話すスピードを抑えてゆっくり、はっきり話す必要があります。また、相手が意見を挟む可能性もあるため、自分が話し終えたら1～2秒の間隔を空けるようにしてください。ひと呼吸入れることにより相手も話がしやすくなります。

リモート営業のトークの“間”

リモート営業のデメリットの一つが、聞き間違いや認識の齟齬が起こりやすいこと。商談相手が話を正確に聞いているとは限りませんので、詳細に詰めることが必要不可欠です。特に金額や日程など、大事な部分は相手の答えを復唱して認識を合わせましょう。オンライン会議ツールによっては、商談の様子を録画することが可能です。「言った・言わない」のトラブルを防ぐためには、相手の許可を取ったうえで録画しておくのも有効かもしれません。リモートだと顔を合わせているとき以上に質問をしにくい場合もあります。商談相手に対する配慮として、定期的に「質問はありますか？」と投げ掛けるようにしてください。

リモート営業4つの確認事項

08 決められた時間を守ること

対面時と同じく、商談の時間は厳守する必要があります。リモート営業では対面時よりも商談時間を短く設定するのがコツです。

当たり前のことかもしれませんが、商談の時間が決められている場合はオーバーしないようにしてください。リモートとはいえ、相手の貴重な時間をもらっていることに違いはありません。決められた時間内で収まるように商談を進めていく必要があります。**オンライン商談**だと、慣れていない人は集中力が持続しないことがあるため、対面での商談を行うときよりも短めの時間設定をしておくのがおすすめ。最初は、目安として30分から40分が安全かもしれません。リモートに

オンライン商談のスケジューリング

慣れないうちは、「自己紹介と会社紹介＝10分、提案＝15分、ヒアリング＝10分、次回までの課題の確認＝5分」といったようにあらかじめ商談のスケジュールと時間配分を決めておくと安心できるでしょう。もしも相手が複数人いる場合は、それぞれが発言するため、ヒアリングの時間などは長くなります。限られた時間内で必要な提案を行い、相手からのヒアリングも聞かなければならないのですから、何かを伝えるときはダラダラと話すのは避け、短い言葉で端的に伝えるようにするのがポイント。まずは結論を述べて、そのあとに根拠や背景を付け加えると時間の短縮にもなるうえ、聞き間違いを防ぐのにも効果的です。

リモート営業の時間配分

リモートなら堂々とカンペを用意できる

リモート商談をする際には、手元に台本を用意しましょう。スムーズに話せるうえ、言い忘れや間違いも少なくなります。

対面営業では、商談の台本を見ながら話をすることは憚(はばか)られるかもしれませんが、リモート営業なら堂々と見ることが可能です。スムーズに商談を進行させるためにも、**トークスクリプト**（台本）は用意しておいたほうがいいでしょう。話し足りていないことを確認しながら商談を進められます。あがり症などで、対話に苦手意識がある人でも、商談の流れや話す内容が手元にあれば、緊張して頭が真っ白になって言葉が出てこない……といった事態も防げるでしょう。

トークスクリプトの必要性

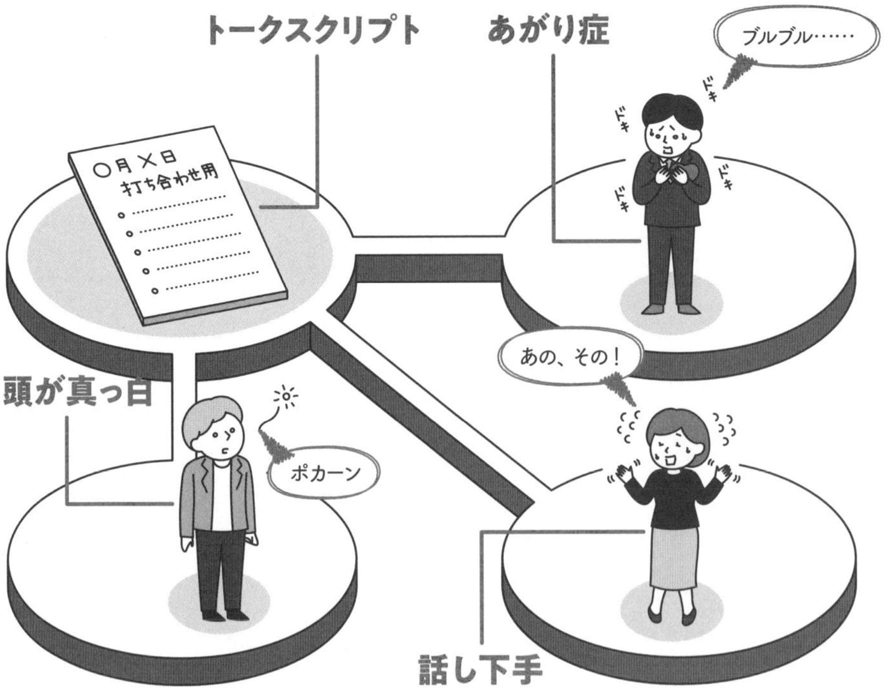

トークスクリプトは、スタートからのシナリオを意識して作ります。あいさつ、ミーティング全体のアジェンダ（議題の項目リスト）の確認、プレゼンテーション、次回の宿題といったように、シナリオを考えて作るのです。そのときは、具体的な効果を数値化して盛り込んでおく必要もあるでしょう。商談を進めるに当たって、顧客は商品やサービスを買うことでどのぐらいの効果があるのかを知りたがっています。そのため、ひと目で分かる数値をトークスクリプトに落とし込み、聞かれたらすぐに答えられるようにしておきましょう。トークスクリプトは作成したら、上司や同僚などから**フィードバック**をもらい、改善させるとより効果的。リモート営業なら、遠慮せずにトークスクリプトをカンペとして見ながら話せるので、存分に活用することができます。

トークスクリプトの準備

デキる営業マンがみんなやっているメール術

ビジネスマンは毎日、たくさんのメールを受信します。開封して読んでもらうためには、件名から工夫する必要があります。

リモートワークの普及で、メールでのやり取りはこれまで以上に重要視されそうです。営業マンが一日に受信するメールは平均50.12通という統計があります。これだけの文面に目を通すのはとてもたいへん。開封するのを忘れて数日経過してしまった……という経験がある方も多いのではないでしょうか。もちろん、商談相手も同じ量のメールを受け取っていると考えられるため、送信したメールが開封されることなく、そのままにされることも考えられるのです。

デキる営業マンのメール術

件名：○月×日の商談の件
【○○株式会社××】

タイトルを目立つように

見落とされないことが重要

❶件名を工夫

自分が送った**メールを読んでもらう**ために、まずは件名を工夫しましょう。タイトルはできるだけ簡素化し、どんな内容なのかが一目瞭然で分かるようにします。件名の欄に入れるのは要件と日程。もしも余裕があれば自分の名前と会社名も入れると、受信した側は誰からのメールなのかすぐに分かります（例「○月○日の商談の件【○○株式会社××】」）。文章だけでは伝えにくい内容のときは電話などでフォローの説明をするといいでしょう。ただ、最近はメールでの連絡を好み、電話連絡を嫌がる人も増えているので、相手によって電話をするかどうかは判断するようにしてください。

column No. 06

事前にエゴサーチをして情報収集

営業の場面で行うエゴサーチとは、自社や自社の製品について自ら調べることです。実際に商談に赴く前に、これから売り込もうとしている自社の商材が世間からどんな評価を受けているのかを知ることはとても重要です。

インターネット上には多くの情報が溢れていますので、良い評判も悪い評判もあるでしょう。悪い評判でも「なるほどな……」と納得できるようなものであれば、どうすればその悪い評判を覆せるのかを考えてください。自社の商材の美点はもちろん、欠点まで把握しておけば商談では大きな武器になります。

また、既存の顧客であれば自社の商材についてもよく知っているでしょうから、顧客に聞くことでもエゴサーチになります。もしも顧客から悪い評判を聞かされたら、それを改善することを目指しましょう。改善した製品を提案すれば、顧客からの信頼を高めることにもつながります。

chapter 6

アフターフォローで継続的な受注を目指す

営業はモノを売って終わり、
ではありません！
デキる営業マンはその先につながる
お客様ケアを欠かさないのです

アフターフォローがなぜ重要なのか

新規顧客の開拓には時間もエネルギーも費やすものですが、アフターフォローに力を入れると効率的な営業が可能になります。

いつも定時に退社するのに、営業目標は必ず達成している……。皆さんの会社にはそのような人がいませんか。このタイプの営業マンは**アフターフォロー**が上手なことが多いようです。意外と手抜きされることが多いアフターフォローですが、優秀な営業マンほどアフターフォローに力を入れています。既存の**顧客**にアプローチすることで売り上げを確保しているため、新規先の訪問に時間を取られることなく、効率的な営業活動ができているのです。アフターフォロー

アフターフォローのメリット

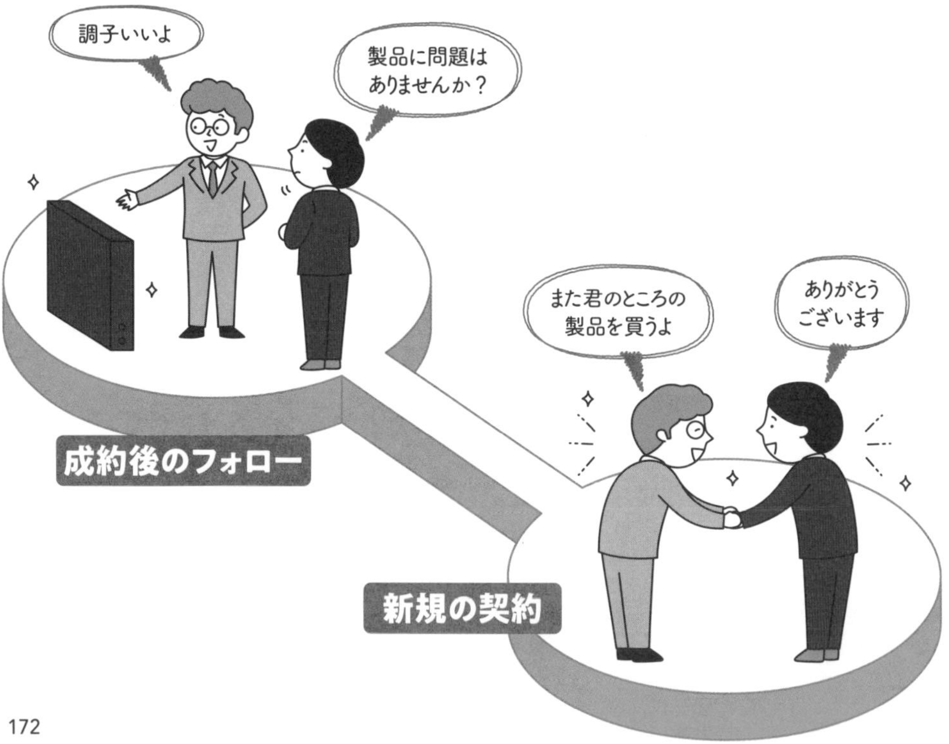

が重要とされる理由は「顧客のニーズやビジネスの状況についての情報が早く入ってくるため、セールスのタイミングをつかみやすい」「顧客が自社製品を使いたいという気持ちをキープできる」「営業マンに対する顧客の信頼が高まる」の3つ。顧客が製品やサービスを利用し続けるのは、「その製品を導入することで会社にプラスになるから」という理由のほかに、「担当の営業マンが信頼できそうだったから」という理由も含まれると考えられます。契約後も定期的に連絡し、自社の商品を活用できているか、困っていることはないかなどを聞くだけで顧客は営業マンを信頼するようになるでしょう。それが関連商品の導入につながることも大いにあり得ることです。そのため、アフターフォローは極めて大切なのです。

アフターフォローのステップ

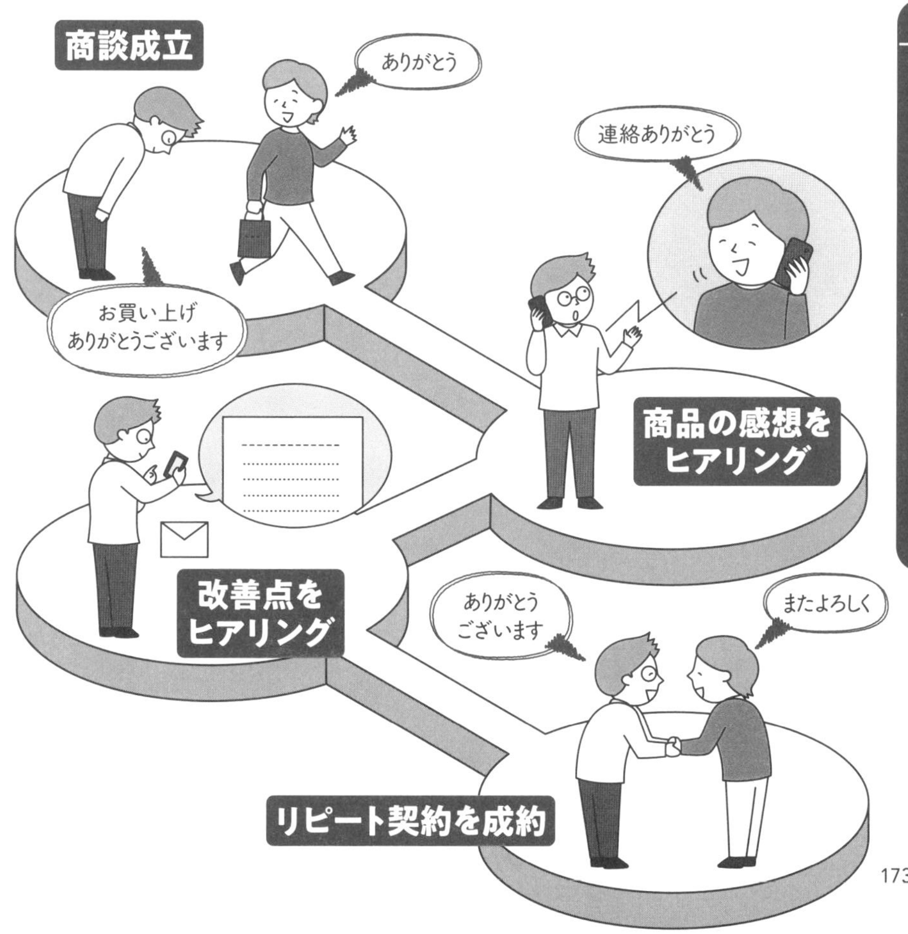

単純接触効果を高める

人は見ず知らずの人よりも、少しでも知っている人に親近感を抱くもの。多くの人と接触するほどチャンスは増えるでしょう。

車を購入するときは、ディーラーで商談するのが一般的です。同じ車を買うのなら、少しでも安く買いたいと思うものですが、二つのディーラーを回って見積もりを取ったところ提示額は一緒。ただ、一社めのセールスマンAさんは会ったこともない人ですが、二社めのBさんは毎日の通勤電車で乗り合わせる人でした。この場合、多くの人はBさんから車を買いたいと思うでしょう。「**接触回数**が多いほど、その人への**心理的距離**は縮まっていく」傾向が実証されていま

接触回数が距離を縮める

す。自己紹介や会社案内などが加えられた接触頻度の多さは、営業活動でも有利に働きます。同じ60分を営業活動に充てるなら、1社10分ずつ6社と話すよりも、1社5分ずつ12社と話したほうが良い結果が得られることが多いのです。たくさんの人との名刺交換は営業マンとしての武器。商談をしていて「このお客様どこかで見た顔だな」と思った経験がある人がいるかもしれません。そんなときは「どこかでお会いしていませんか」と尋ねてみましょう。もしかしたら過去に顔を合わせていて、そこから成約につながる可能性があるかもしれません。多くの人と話をするほど、巡り会う機会も増えていくのです。

できるだけ多くの人と話をする

既存のお客様には超速で連絡を返す

既存顧客への返事は即座に返すように心掛けてください。信頼が得られやすくなり、のちのちプラスにつながるでしょう。

営業マンはメールの受信数も多く、電話も頻繁にかかってきます。そんなときは即座に対応するように心掛けてください。契約が決まれば、契約書についての確認や導入後の疑問などについて、顧客から質問のメールがよく来るようになります。ほかの仕事に追われて返信が遅れたり、導入までの期間が長引いたりすると、多くの場合で顧客が製品を導入することへの**熱量**が下がってしまいます。そのため、顧客からのメールにはすぐに返事をするように心掛けましょう。

早いレスポンスが重要な理由

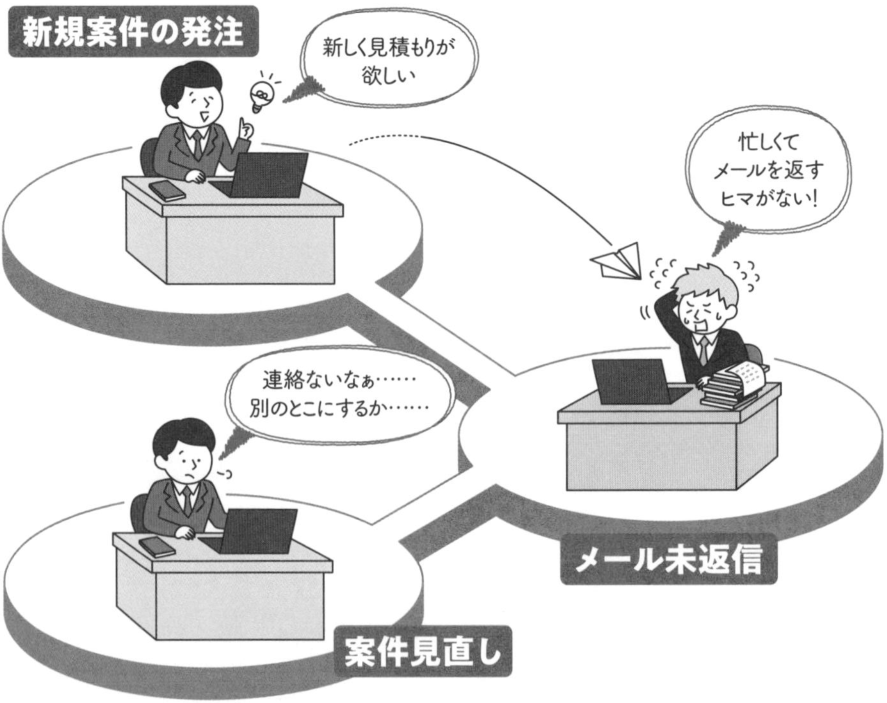

顧客は困っていることがあるから営業マンに連絡をしています。そうしたなかでメールの返信が一日経っても来ない、または折り返しの電話も来ないという状況だとしたら、確実に**フラストレーション**を抱えるでしょう。長々とした返信を書く時間がなかったとしたら「ご連絡ありがとうございます。いただいた内容を確認し、改めてご連絡差し上げます」の短文でも構いませんので、時間を空けずに返信するようにしてください。とにかく、連絡が取れないという状態だけは避けるのが鉄則です。特に顧客が経営者の場合はせっかちなことが多いため、返信に時間を掛けたばかりに機会を損なう可能性も高くなります。

時間がなければ簡単な返信

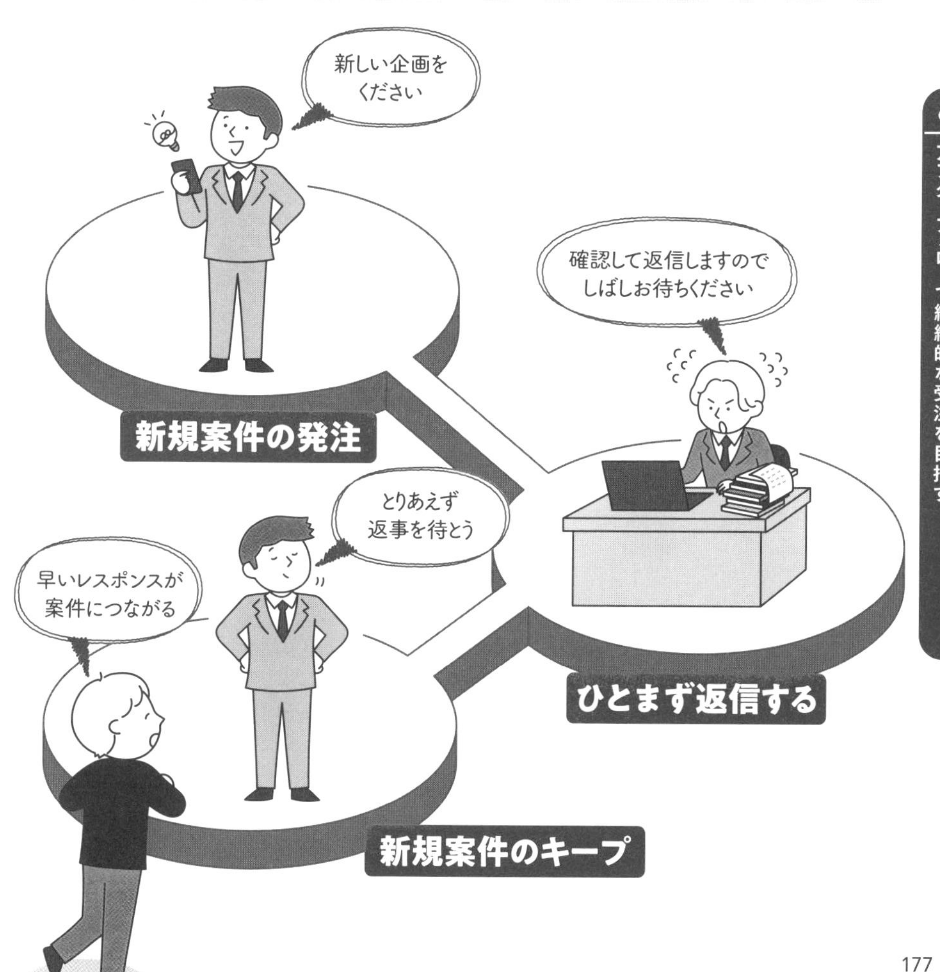

「使い勝手」をヒアリングする

成約を勝ち得ても売りっぱなしは禁物です。タイミングを見て納品した製品の使い勝手をヒアリングするようにしましょう。

顧客の**アフターフォロー**が重要であることは述べましたが、どんなことをフォローすればいいのでしょうか。代表的なのが顧客に売った製品やサービスの使い勝手を**ヒアリング**することです。まずは「使ってみて良かったと思うところ」を聞き、同時に「もっと改善して欲しいと思う点」についてもヒアリングしてもかまいません。こうした意見は持ち帰り、良い点はアピールに活用し、善点は会社に相談して顧客にフィードバックしましょう。こうしたヒアリングを実施するこ

ヒアリングのサイクル

とは、次につなげるためにも有効です。顧客からの意見が聞ければ、見込み客に商品の良い点をアピールしやすくなります。また、自社製品の欠点も明らかになるうえ、改善策も考えやすくなるからです。こうした意見を聞くことはとても貴重です。売りっぱなしで製品の使い勝手についてのヒアリングをしないと、自社製品の良い点も欠点も明らかにならず、改善点も見えてきません。顧客の意見を参考に製品のアピールポイントが分かれば次の売り込みがしやすくなります。

クレームも次に生かす

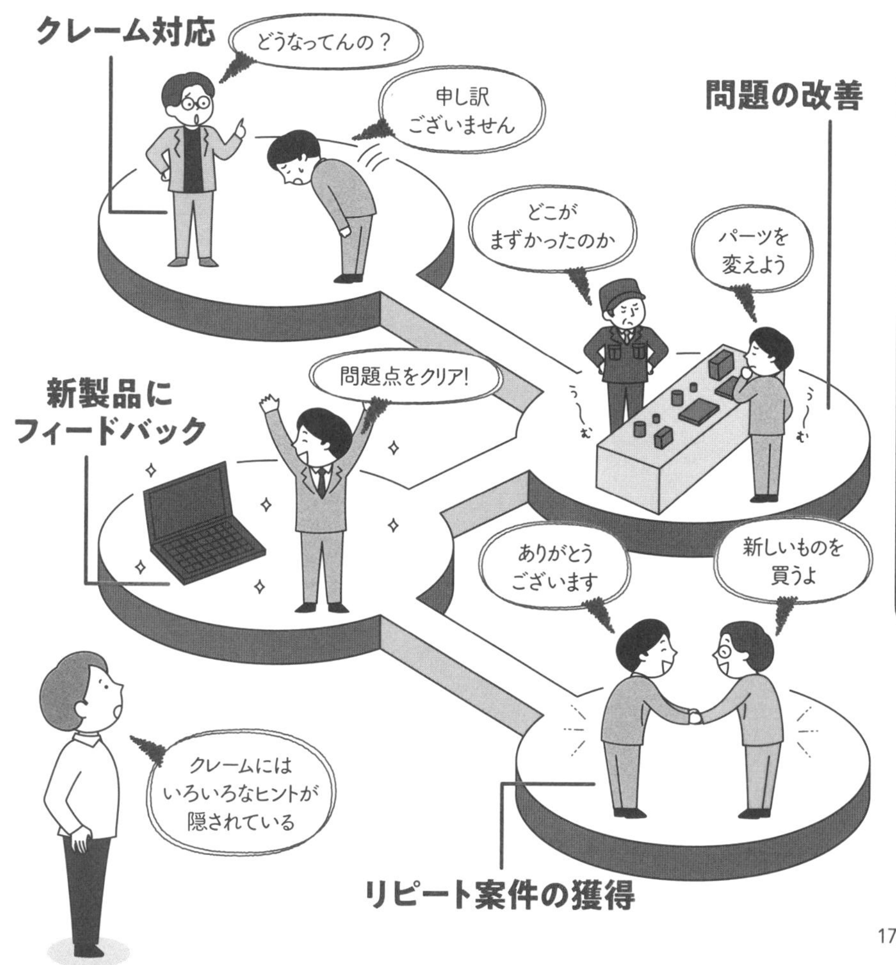

マニュアルや情報を追加で提供する

せっかく納品した商材ですから、有効に使ってほしいもの。顧客サービスに上級者用のマニュアルや事例集を活用しましょう。

めでたく成約にこぎ着け、無事に納品されたとしても顧客が自社の製品を有効に活用するかどうかは分かりません。そこで顧客の購入目的を踏まえたうえで、使いこなすための情報を渡すと喜ばれるでしょう。とはいえ、基礎的な取り扱い説明書は製品にも付属されているでしょうから、上級者向けに作った特別な**マニュアル**やほかの顧客における活用事例集などを作っておくと効果的です。特に単価の高い商材だとなおさら、このようなサービスが競合他社との差別化

マニュアル＆事例集の活用

になってくるでしょう。顧客の立場からすると、導入後もフォローをしてくれる営業マンのことは信用できます。わざわざ上級者用のマニュアルや**導入事例集**を手渡してくれる営業マンなら「買ったあとも面倒を見てくれるから次もあの人から買おう」と思ってくれるかもしれません。最近では、活用事例を会社のホームページに掲載している企業も多いかもしれませんが、顧客用には印刷されたものを用いると良いでしょう。印刷用には、別の事例を掲載するのも親切です。場合によっては、営業マンが導入事例や有効な使い方について詳細な**レクチャー**をするようなサービスを設けると、顧客はより安心して使えるでしょう。

細やかな配慮を忘れない

KEY WORD → ☑ SFA、SFA/CRM、Sales Cloud、Senses、eセールスマネージャー

06 相手の会社によってメディアの使い分けを行う

さまざまなSFAがありますが、それぞれが特徴を持っています。顧客に合わせて、適切なツールを選ぶようにしてください。

営業におけるフォローを行うために、**SFA**（営業支援ツール）を活用している会社は少なくありません。SFAは営業のアフターフォローにも活用することができます。案件情報を蓄積できるので、休眠案件を簡単に追うことができるうえ、フォローにメールを送ることも可能です。**SFA /CRM**（顧客管理）はツールによって、前回アクションからの経過期間を確認できたり、営業プロセスのどの段階で離脱したのかが分かるので、適切なツールを選べば効率化につなが

SFAの導入メリット

ります。SFAにはさまざまな種類がありますが、BtoB向けのものやBtoC向けのものなど用途によって使い分けると便利です。例えば最もメジャーなSFAといえる「**Sales Cloud**」ですが、自社固有の統制ルールを反映し、細やかな管理をしたい企業に向いているといわれます。また、直感的に使いこなせる画面や現場の営業活動を効率化させる機能を持つ「**Senses**」は、BtoBの企業で広く取り入れられています。さらに「**eセールスマネージャー**」はオンプレミスのサービスを提供できる点や営業プロセスの見直しなど、研修サポートが充実している点も特徴です。

クレームを未然に防ぐためにできること

営業マンと顧客の期待値に違いがあるとクレームが発生しがち。過度な期待を持たせない工夫をすることで未然に防ぎましょう。

世の中にはさまざまな顧客がいますので、どんな業種でもクレームは付き物かもしれません。優秀な営業マンでも発生率を下げられないクレームもあるでしょう。例えばあるメーカーが顧客向けにチラシを制作したところ、制作会社側のミスで印刷データがすり替わり、誤植が発生してしまった場合が挙げられます。顧客からすればメーカーのミスに見えますが、実際には制作会社側に責任があります。これなど、いくら注意したとしても防げないミスに当たります。「**グレー**

グレーゾーン・クレームとは

ゾーン・クレーム」と呼ばれるクレームがあります。典型的なのが「買ってみたけど、思っていたのとは違う」というクレームでしょう。これは売った側にも顧客側にも落ち度がないため、話をしても平行線になってこじれてしまいがちです。ただ、このグレーゾーン・クレームはデキない営業マンに多く発生する傾向があります。売りたいあまり、過剰なセールストークをした結果、顧客の期待が高まってしまうことが一因だと考えられるからです。優秀な営業マンは顧客の要望に応えつつも、過度な期待を持たせない「期待のコントロール」ができるため、クレームの発生率が低いと考えられています。

グレーゾーン・クレームの発生原因

場合によっては一歩踏み込んだ新提案をする

顧客には納品されてからが仕事です。自分の担当業務よりも一歩踏み込んだ提案をすることも、信頼を得るのに有効です。

酒造メーカーが新しいビールを発売し、小売店に売り込んだとしましょう。酒造メーカーは成約にこぎ着つけて納品すれば仕事は終わりですが、小売店はそれからが仕事です。新製品をどのように宣伝し、顧客に売り込んでいくかを考えなくてはなりません。そこで一段階上の経営課題に踏み込んで情報を提供すると小売店から喜ばれ、リピートにつながるでしょう。多くのメーカーが**ポスター**や**POP**などの**販促ツール**を提案しているのはこのためです。このレベルのア

成約の先の営業

販促ツールの提案

待望の新作！

なかなか注目されているな

買おうかな

卸すだけじゃなく
その先の販売戦略も提案

フターフォローを行うためには、エンドユーザーである顧客と日ごろから頻繁なコミュニケーションを取り、顧客の課題を把握しておかなければなりません。自社商品を並べるスペースのレイアウトなど、顧客によって異なるため適切な提案をする必要があるでしょう。特に商品レイアウトを提案する場合は、なぜそのレイアウト案が良いのかという根拠を添える必要があります。また、ポスターやPOPなどの販促ツールを提案する場合は、外部の制作会社などに依頼するため、コストがかかります。こうした販促ツールを制作するか否かといった判断は、上司などと相談しながら決める必要があるでしょう。

顧客のニーズに合わせる

世の中はどんどん細分化が進んでいく

飛び込み営業をしなくても、新規顧客を獲得する効率的な方法があります。既存顧客などから紹介してもらう方法です。

ビジネスは、時代と共にどんどん**細分化**が進んでいます。万人向けに作られた商品・サービスも、どんどん細分化が進むのです。例えば、化粧品の化粧水。日本初の化粧水は、どこの会社が発売したのか、その起源は明らかではありませんが、明治30年（1897）には、資生堂がオイデルミンという化粧水を発売しています。それから120年以上が経ち、美白用、ニキビ用、敏感肌用、乾燥肌用、年齢肌用、日焼け肌用などなど、細分化はこれからも進むことでしょう。

サービスの細分化の変遷

120年前の化粧水

資生堂から発売された化粧水「オイルデミン」以外の製品は、明治時代にはなかった。

現代の化粧水

ニキビ用、敏感肌用、乾燥肌用、保湿など、さまざまなユーザーのニーズに応えるように細分化した。

同じように、あらゆる商品・サービスは、これからも細分化が進んでいくと考えられます。それは止めることが出来ません。それが自動車であったとしても、万人向けの自動車は業界トップの自動車メーカー1社が作れば良く、それ以外の自動車メーカーは、顧客を細分化し、「アウトドア好きな人向けに、アウトドアメーカーと自動車メーカーがコラボしたワンボックス」などを開発してみるなどの動きがあると面白いかも知れません。つまり、儲かる営業力を身に付けるためには、ライバル他社よりも少しだけ顧客を絞り込んで、細分化を進めてしまうことも重要だと言えます。

メリット提供がリファラルへつながる

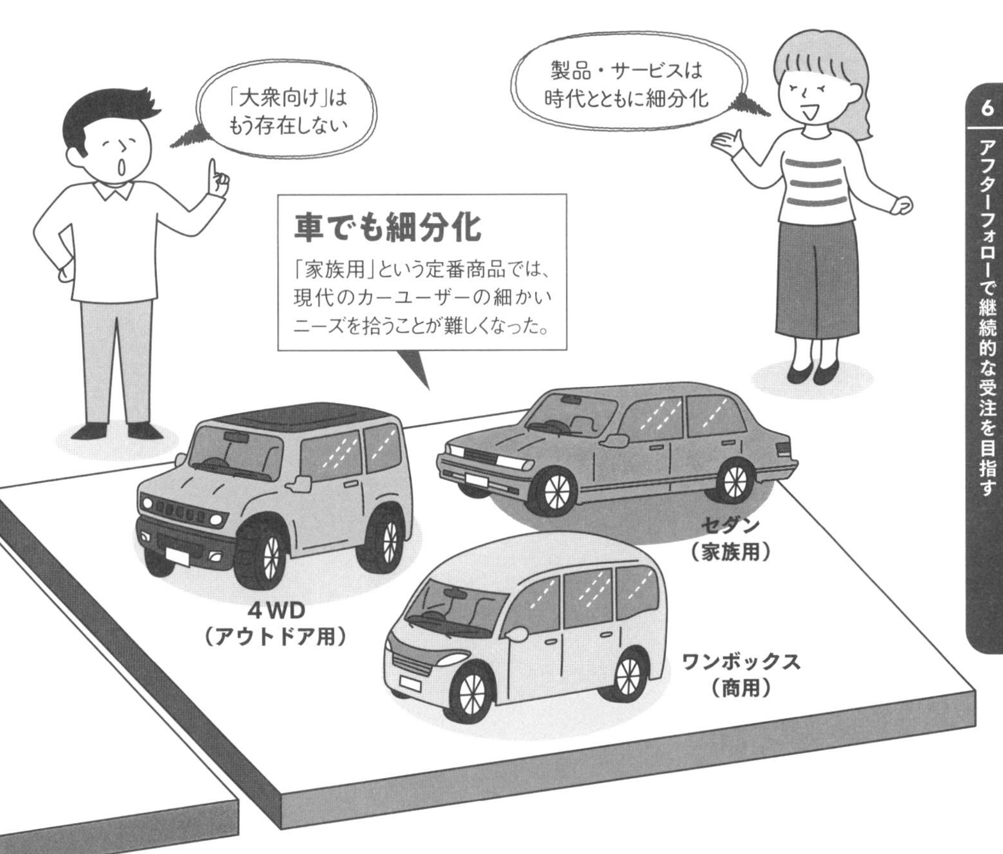

主要参考文献

『凡人が最強営業マンに変わる魔法のセールストーク』
佐藤昌弘 著（日本実業出版社）

『〈マンガ〉凡人が最強営業マンに変わる魔法のセールストーク』
佐藤昌弘 著（日本実業出版社）

『凡人が最強チームに変わる魔法の営業ミーティング』
佐藤昌弘 著（日本実業出版社）

『最高の営業デビュー』
佐藤昌弘 著（日本実業出版社）

『なぜ？１万円の羽毛布団は400万円で売れたのか？　～ひとを動かす科学』
佐藤昌弘 著(アスコム)

『仕事も人生も変わる「影響力のある」話し方』
佐藤昌弘 著（三笠書房）

『売れないモノの９割は売れるモノに変えられる』
佐藤昌弘 著(アスコム)

『「ストレスゼロ」で必ず売れる！　飛び込み営業術』
佐藤昌弘 著（PHP研究所）

『アリ地獄先生の「売らないのに売れる」秘密の授業』
佐藤昌弘 著（サンマーク出版）

STAFF

編集	木村伸司、山口大介、前川千亜理（G.B.）
執筆協力	内山慎太郎、坂下ひろき
本文イラスト	フクイサチヨ
カバーイラスト	ぷーたく
カバー・本文デザイン	別府 拓（Q.design）
DTP	川口智之（シンカ製作所）

監修 佐藤昌弘（さとう まさひろ）

1968年生まれ。愛知県出身。 京都大学工学部卒業。地元大手都市ガス会社を退職後、住宅リフォーム会社を創業し、2001年まで3年半経営して年商3億円で売却。2002年、株式会社マーケティング・トルネード設立。個人事業主から年商3兆円超の上場企業まで、研修やコンサルティングを提供。特に心理カウンセリング技術を応用した独自のセールストークの高い効果で好評を博している。著書に、10年を超えて読み継がれるロングセラー『凡人が最強営業マンに変わる魔法のセールストーク』『凡人が最強営業マンに変わる魔法のセールスノート』（ともに日本実業出版社）、監修と共訳担当の『シュガーマンのマーケティング30の法則』（フォレスト出版）など多数。

商談成立の絶対法則から
テレワークセールスの進め方まで！
儲かる営業力 見るだけノート

2021年9月29日 第1刷発行

監 修 佐藤昌弘

発行人 蓮見清一
発行所 株式会社 宝島社
〒102-8388
東京都千代田区一番町25番地
電話 営業：03-3234-4621
編集：03-3239-0928
https://tkj.jp

印刷・製本 サンケイ総合印刷株式会社

Printed in Japan
ISBN 978-4-299-02004-8